Fischer TaschenBibliothek

W0012035

»Eile ist nur zum Flöhefangen gut.«
(Finnisches Sprichwort)

Bernd Gieseking ist gerne auf Reisen, und zwar am liebsten da, wo es kalt ist: Arktis, Grönland, Spitzbergen – und natürlich Finnland. Als sein jüngerer Bruder sich ausgerechnet in eine Finnin verliebt hatte und nach Lahti gezogen war, kam der »Ü-50« nach vielen Jahren noch einmal in den Genuss eines Familienausflugs mit seinen alten Eltern – und machte aus den vielen großartigen Erlebnissen ein wunderbares Buch: »Finne dich selbst!«. Für das kuriose Finnland-Buch ist er wieder auf Reisen gegangen und hat noch viel mehr Typisches und Einmaliges gefunden: seltsames Suomi.

Wenn Gieseking nicht reist, dann schreibt er: Kolumnen für die »Wahrheit«-Seite der »taz«, Kinderbücher, Kinderhörspiele für den WDR Hörfunk, vor allem aber satirisch-literarische Solo-Programme wie seinen Jahresrückblick »Ab dafür!« – und mit dem reist er dann wieder, quer durch die Republik.

Weitere Informationen, auch zu E-Book-Ausgaben, finden Sie bei www.fischerverlage.de

Bernd Gieseking

Das kuriose Finnland Buch

Was Reiseführer verschweigen

FISCHER TaschenBibliothek

Originalausgabe
Erschienen bei FISCHER Taschenbuch
Frankfurt am Main, September 2014

© S. Fischer Verlag GmbH, Frankfurt am Main 2014
Umschlaggestaltung: Geviert – Büro
für Kommunikationsdesign, München
Umschlagabbildung: Shutterstock
Satz: Dörlemann Satz, Lemförde
Druck und Bindung: Kösel, Altusried-Krugzell
Printed in Germany
ISBN 978-3-596-52043-5

Inhalt

Finnland
Hin und weg

Einleitung

Der Mensch braucht Ziele. Träume. Die einen gehen auf den Jakobsweg, die anderen besteigen den Mount Everest. Mein Traum ist Finnland. Ich hatte bislang Turku, Tampere und Lahti besucht, war in Helsinki, Vääksy und Pietarsaari gewesen und hatte das Land zwischen diesen Städten gesehen. Ich war im Winter in Ivalo, Inari und Saariselkä gewesen und hatte einen Ausflug zur restlos verschneiten russischen Grenze gemacht. Ich hatte damit schon mehr von Finnland gesehen als die meisten, aber eigentlich immer noch unfassbar wenig.

Auf der letzten Reise hatte ich im Sommer am Vesijärvi-See gesessen, den Abendhimmel in seinen glühenden Farben gesehen, und in mir formte sich immer mehr die Idee, man müsste mal um Finnland herumfahren. Komplett. Die verschiedenen Landschaften sehen, die unterschiedlichen Mentalitäten erleben.

Ich kaufte mir eine Straßenkarte. Und war schnell entschieden! Mein Reiseplan war so klar wie ungefähr: Start in Helsinki, die Küste entlang Richtung

Turku, dann am Bottnischen Meerbusen hoch, weiter an den Grenzen zu Schweden, Norwegen und Russland entlang durch Lappland, durch Karelien bis zum Finnischen Meerbusen, Suomenlahti, und an diesem entlang, auf dem »Königsweg«, Kuninkaantie, zurück bis Helsinki – immer möglichst auf der der Grenze oder dem Meer nächstgelegenen Straße. *Ympäri Suomen.* Einmal rund um Finnland.

Ich würde allein in meinem Auto sitzen. »A poor lonesome cowboy, a long way from home.« Dem gleißenden Licht des finnischen Sommers entgegen, und auf dem Rückweg würde ich immer noch lange Schatten werfen. Ich wollte von außen auf das Innere schauen. Den Finnen entdecken. Den Faszinierendsten aller Europäer. Ich hatte viele Fragen im Gepäck und sechs Wochen Zeit. Dann brach ich auf.

Nicht auf jede Frage habe ich Antworten gefunden, aber Erstaunliches und Interessantes fand ich allemal. Folgen Sie mir nun zu Kuriositäten und zu Offensichtlichem, zu den Rentieren in Lappland, zur Trüffelsuche in Lahti, zum *joulupukki* in Rovaniemi, zu den Mumins und Angry Birds, zu Flying Finns und Water Cross, zu giftigen Pilzen und tödlichen Mäusen, zu Joiks und Zauberkünsten. Folgen Sie mir zu den Finnen.

Platz für Milch

Ich wollte mit der Fähre von Stockholm nach Turku übersetzen. Müde stand ich im Regen am Kai in der Warteschlange. Abfahrt der Fähre nach Turku: 7 Uhr 10. Kaum war ich an Bord, riss der Himmel auf. Die Ausfahrt durch Stockholms Schärenlandschaft ist genauso einzigartig wie die Einfahrt zwischen den Finnland vorgelagerten Schären bei Turku.

Auf dieser Überfahrt von etwa achteinhalb Stunden Dauer kann man bereits Finnland-Typisches »erschnuppern«, einerseits am Buffet, vor allem aber bei den Kulturangeboten an Bord.

Im vorderen Schiffsteil, in der *Iskelmä Bar* (»Schlager-Bar«) folgte auf die Kinderanimation das bei Finnen so beliebte Karaoke. Ich stellte das Handy um auf finnische Zeit, denn Bordzeit ist Finnland-Zeit. Vor allem war jetzt Frühstückszeit an Bord der »Baltic Princess«. Ich hatte Hunger. Ich befahl mir: »Du isst, was alle anderen auch essen.« *Puuro*! 2 Euro 50. Auf Schwedisch »Gröt« – Grütze! Ich bedankte mich innerlich bei Mutter und Großmüttern – so etwas musste ich zu Hause in Ostwestfalen nie essen!

Puuro ist erstaunlich geschmacklos, also hilft man mit Marmelade nach. Oder mit Zucker und Zimt. Ich brauchte viel Marmelade. Es war aber nur noch wenig Marmelade da. Finnen, Schweden und Balten wussten, warum. Sie beluden ihre Teller kellenweise. Man hörte das Porzellan beinah bersten. Es war, als seien sie alle nach wochenlanger Havarie erstmals wieder in der Nähe von Herd und fester Nahrung. Wobei – fest? *Puuro* hat die Konsistenz von Kleister, nur wirkt es körniger. Ich assoziierte Klebstoff. Wenn das nicht stopfte, was dann? Ich würde nun tagelang nichts mehr essen müssen. Und können.

Ich schlenderte zum Supermarkt an Bord. Hier waren Bierpaletten gestapelt, in Höhe und Ausmaß, als wollte man den Pyramiden Konkurrenz machen, nur ohne das pyramidale Konzept und den Wunsch nach Überdauern in Ewigkeit. Hier ging es eher um den sisyphosgleichen steten Ab- und Wiederaufbau der bieralen Turmbauten zu Turku!

Wegen der strengen Alkoholgesetze im Norden Europas sind die Fährfahrten jenseits der reinen Überquerung von Wasserflächen in purer Urlaubs-absicht auch für eine Fahrt »zwischendurch« sehr be-liebt, denn hier kann man alle möglichen Alkoho-lika zu zollfreien Preisen einkaufen. Vor Jahren schon staunte ich über die kleinen Einkaufstrolleys, auf denen vier Paletten Bier gestapelt und durch ein Gummiseil gesichert waren. Vier Paletten zum Son-derpreis, rollfertig gepackt, der Trolley im Preis inbe-griffen. Nun sah ich etwas Neues. Den Trolley hatte man nachgebessert und die Räder verstärkt. Nun gab es zusätzlich die Variante mit acht Paletten! Es kann nicht mehr lange dauern, und es wird eine neue Weltmeisterschaft geben, einen Hindernisparcour, den man mit dem achtfach gepackten Trolley vom Supermarkt bis zu den Autodecks zu durchfahren hat.

Ich holte mir einen Kaffee am Automaten. Drei Knöpfe: einer für heißes Wasser. Daneben einer für »Svart Kaffe« auf Schwedisch, auf Finnisch: *Kahvi*. Dann: »Svart Kaffe – plats för mjölk«, Finnisch: *Kahvi maitovaralla*. Hier wird die Tasse nicht ganz voll gemacht, damit Platz für Milch bleibt. Ich bewunderte den Finnen und seinen absoluten Hang zum Praktischen.

～⌒ Aus meinem Reisetagebuch II ⌒～

Karaoke an Bord

Ich wartete gespannt auf das Karaoke. Karaoke gehört in Finnland seit einigen Jahren zur Volkskultur. Das sangesfreudige Volk macht das nicht nur in Diskotheken, mittlerweile bietet jede Kneipe, oft mehrfach in der Woche, Karaoke an.

In anderen Ländern ist Karaoke meistens ein Gruppenvergnügen. Die Finnen sind Individualisten, auch hier. Es singt, wer Lust hat zu singen. Das geht durch alle Altersstufen und ist im Vortrag von einer ehrfurchtgebietenden Ernsthaftigkeit, die keinerlei Schadenfreude zulässt. Können wird belohnt, Amateurhaftes aber nicht abgestraft. Internationale Hits sind selten zu hören, meistens werden finnische Schlager vorgetragen.

Ein Mann sang. *Aikaan täysikuun.* Die finnische Version von »California Blue«. Sofort wurde getanzt. Dann sang ein junges Paar gemeinsam. Ein großartiges Duett. »Is it true, when you say, that you love me …«. »I will stay«, ein Hit der »Hurriganes«.

Niemand muss hier zum Singen aufgefordert oder animiert werden. Wie von Zauberhand sind immer wieder genügend Sangeswillige am Mikrophonständer und starren konzentriert auf den Bildschirm, auf dem die Songtexte durchlaufen. Und kein Sänger erwartet Applaus. Man geht mit dem letzten Ton einfach wieder zurück an seinen Platz.

〰️ Aus meinem Reisetagebuch III 〰️

Gott in Finnland

Die Fähreinfahrt in Turku: 18 Uhr und die Sonne knallte – Sommer in Finnland. Das Umland von Turku war in aufgeräumter Stimmung. Finninnen in Badeanzügen winkten uns von den Felsen zu wie die Sirenen einst Odysseus. Häuser stehen hier zwischen Kiefern und Birken an den Uferwegen. Sobald eine Schäre, der Fels, die Fläche eines normalen Esstischs überschreitet, setzt der Finne ein Haus darauf. Die schönste Landschaft der Welt, alles andere ist höchstens genauso schön. Als Gott die Erde geschaffen hat, muss ihm die Idee dazu auf einer Schäre gekommen sein.

»*Man ist nicht zu betrunken, solange man auf dem Boden liegen kann, ohne sich festzuhalten.*«

(Finnisches Sprichwort)

Sauna, Flagge, Kaffee trinken
Was dem Finnen wichtig ist

Blaues Kreuz auf weißem Grund

Warum liebt der Finne windige Tage? Dann steht seine Flagge gut im Wind. Und der Finne ist stolz auf seine Fahne und hängt sie gern und oft in den Wind. Die *Suomen lippu* oder auf Schwedisch, in der zweiten Amtssprache, »Finlands flagga«, heißt im Land auch *siniristilippu*, Blaues-Kreuz-Flagge. Ein blaues Kreuz quer auf weißem Grund. Das Weiß symbolisiert die schneereichen Winter, das Blau die Seen Finnnlands.

Die finnische Flagge fußt in ihrem Design auf dem »Dannebrog« (»dänisches Tuch«), der dänischen Nationalflagge, einem weißen Kreuz auf rotem Grund, einer der ältesten Flaggen überhaupt, die bis ins 14. Jahrhundert zurückverfolgt werden kann. Finnland bekam seine Fahne mit Erlangen der Unabhängigkeit von Russland 1917. Designer waren Eero Snellman und Bruno Tuukkanen.

Neben der *Suomen lippu* gibt es noch die im Design abweichende Staatsflagge, mit integriertem finnischen Wappen, die Präsidentenflagge und die Kriegsflagge. Sámi und Åländer haben eine eigene Fahne (und zusätzliche eigene Flaggentage), die Finnland-schweden haben inzwischen auch eine eigene, allerdings »nichtoffizielle« Flagge.

Jeder Finne darf die Flagge hissen, wann er will, an Flaggentagen oder zu privaten Anlässen. Das wird besonders augenfällig, wenn man erst die hauptstädtische Region um Helsinki hinter sich lässt, denn ab da ist fast alles ländlich, und viele Einfamilienhäuser haben stolz den Fahnenmast auf dem Grundstück in den Boden gepflanzt. Und da zieht der Finne die Fahne hoch. Bei Taufe und Konfirmation flattert sie im Wind, genauso bei Hochzeiten, und bei Beerdigungen im Familienkreis wird sie auf halbmast gehängt.

Die Fahne darf nicht beschmutzt werden. Weder beim Hissen noch beim Einziehen darf sie den Boden berühren. Flaggen werden normalerweise um 8 Uhr morgens hochgezogen und nicht später als 21 Uhr abgenommen. Außer am »Tag der finnischen Flagge«, da wird sie am Vorabend von Mittsommer um 18 Uhr gehisst und bleibt über Nacht bis 21 Uhr am darauffolgenden Tag, dem Mittsommerfest, am Mast hängen.

Bei der Fahne versteht der Finne keinen Spaß. Als der deutschstämmige Autor und Schauspieler Roman Schatz auf dem Titelbild seines Buches »Der König von Helsinki« mit Filzzylinder und Hula-Halskette in den Deutschlandfarben nackt in der Sauna, mit seinem blanken Po auf der finnischen Flagge sitzend, abgebildet war, wurde ihm das von vielen Finnen sehr übel genommen. Eine finnische Freundin von mir, die zu einem deutsch-finnischen Basar die Flagge als Tischtuch verwandt hatte, wurde von ihren Landsleuten streng ermahnt.

Die offiziellen Flaggentage sind:

1. der Tag der finnischen Kultur, 28. Februar, *Kalevalan päivä*
2. der Tag der Arbeit, 1. Mai, *vappu*
3. der Muttertag, der zweite Sonntag im Mai
4. der Tag des Flaggenfestes der Armee am 4. Juni, *poulustusvoimain lippujuhlan päivä*
5. *juhannus*, das Mittsommerfest und gleichzeitig der *Suomen lipun päivä*, der »Tag der finnischen Flagge«, am Samstag zwischen dem 20. und 26. Juni
6. der Unabhängigkeitstag am 6. Dezember, *itsenäisyyspäivä*
7. alle Tage, an denen Wahlen, nationale, kommunale, die Europawahl oder Volksabstimmungen, abgehalten werden
8. der Tag, an dem der Präsident ins Amt kommt

In Finnland unterscheidet man offizielle und sogenannte eingebürgerte Flaggentage. An offiziellen Flaggentagen muss an öffentlichen Gebäuden gehisst werden. Keine Pflicht, aber Brauch ist es, an folgenden Tagen, den »eingebürgerten« Flaggentagen, ebenfalls die Fahne zu hissen:

1. am *Runebergin päivä*, dem Runeberg-Tag am 5. Februar. Runeberg gilt als finnischer Nationaldichter. Von ihm, dem Finnlandschweden, stammt der Text zur Nationalhymne *Maamme*. Am Runeberg-Tag isst ganz Finnland Runeberg-Törtchen *Rune-*

bergin torttuja, Mandeltörtchen mit Zuckerguss und Himbeermarmelade, denen man nachsagt, seine Frau habe sie erfunden, und von denen er angeblich jeden Tag eines aß.

2. am Tag der Gleichberechtigung, dem Minna-Canth-Tag, *Minna Canthin päivä*. Minna Canth (1844–1887) war Schriftstellerin und Frauenrechtlerin. Sie schrieb hochpolitische Dramen und Romane zur Situation der Frauen, und das – obwohl Finnlandschwedin – auf Finnisch. Als erstes europäisches Land führte Finnland, und das war auch ihrem Wirken zu verdanken, 1907 das Frauenwahlrecht ein. Ihr Geburtstag, der 19. März, wurde zum Tag der Gleichberechtigung.

3. am Tag der finnischen Sprache. *Mikael Agricolan päivä*, der Mikael-Agricola-Tag, ist am 9. April, seinem Todestag im Jahre 1557. Agricola ist Theologe und Reformator, und man sieht in ihm den Vater des Finnischen als Schrift- und Literatursprache. Er ist quasi der Martin Luther Finnlands. Agricola wirkte in Turku im Domkapitel und an der Lateinschule, arbeitete erst für den dortigen Bischof und wurde dann dessen Nachfolger. Agricola übersetzte die kirchliche, also lateinische Glaubenslehre ins Finnische, u. a. das Vaterunser, ebenso das Neue Testament. 1543 beendet, erschien es 1548 in Stockholm. Übersetzungen aus dem Alten Testament folgten.

4. am Nationalen Veteranentag, dem 27. April, *Kansallinen veteraanipäivä*.

5. am 12. Mai, dem Tag der finnischen Kultur, dem *J. V. Snellmanin päivä*. Johan Vilhelm Snellman, am 12. Mai 1806 geboren, war ein finnischer Philosoph, Journalist und Staatsmann. Wirtschaftpolitisch gelangen ihm zwei »Revolutionen«, zum einen die Durchsetzung der finnischen Mark als Zahlungsmittel gegenüber den Finnland verwaltenden russischen Behörden, gekrönt mit der Ratifizierung des sogenannten Währungsmanifestes durch Zar Alexander den II. im Jahr 1865. Die zweite revolutionäre Änderung, die wahrscheinlich weittragendere, war ihm fast genau zwei Jahre zuvor, 1863, gelungen, ein Abkommen mit Zar Alexander, am Senat vorbei, über die Ablösung des Schwedischen als alleinige Amtssprache mit einer Übergangszeit von 20 Jahren was dann zwar länger dauerte, aber hier seinen Weg nahm. Das finnische Volk könne sich nur durch Nutzung und Entwicklung des Finnischen als Sprache zur Nation entwickeln, so das staatsphilosophische Denken Snellmans.

6. am Tag der Dichtung und des Sommers, am 6. Juli, dem Eino-Leino-Tag, *Eino Leinon päivä*. Eino Leino, oder Armas Einar Leopold Lönnbohm, war Schriftsteller, Lyriker, Literaturkritiker und übersetzte u. a. Goethe und Schiller. Sein Geburtstag im Jahr 1878 bestimmt dieses Datum.

7. am Tag der finnischen Literatur, dem 10. Oktober, dem *Aleksis Kiven päivä*, dem Aleksis-Kivi-Tag. Auch Kivi zählt zu den Nationaldichtern. Geboren 1834, traf er in jungen Jahren wichtige Finnen wie Snellman und Elias Lönnrot. Er scheiterte aber anfangs mit seinem später weltberühmten Roman »Die sieben Brüder« an der Kritik, auch der von Kollegen. Allgemein hieß es, der Roman gebe ein völlig falsches Bild des aktuellen Finnlands wieder. August Ahlquist, Sprachforscher und Schriftsteller, wohl damals eine Art Gralshüter finnischer Sprache und Literatur, ein Reich-Ranicki seiner Zeit, beurteilte den Roman im Erscheinungsjahr 1870 als »eine lächerliche Arbeit und ein Schandfleck der finnischen Literatur«. Kivi wurde depressiv und starb mit nur 38 Jahren. Später wurden »Die sieben Brüder« in mehr als 30 Sprachen übersetzt. Die deutsche Erstausgabe erschien 1901.

8. am 24. Oktober, dem UNO-Tag oder Tag der Vereinten Nationen, *Yhdistyneiden kansankuntien päivä*. Die 192 angeschlossenen Staaten erinnern damit an den Tag, an dem die Charta im Jahre 1945 in Kraft trat. Finnland trat der UNO am 14.12.1955 bei.

9. am Tag der schwedischen Kultur, *ruotsalaisuuden päivä*, dem 6. November, feiert die schwedischsprachige Minderheit, die Finnlandschweden, ihre Kultur und die Zweisprachigkeit Finnlands. In

Schweden ist an diesem Tag der Gustav-Adolf-Tag, der 1632 in der Schlacht bei Lützen starb. In den 1930er Jahren des letzten Jahrhunderts war dieser Tag nicht unumstritten, und es kam zwischen Finnen und Finnlandschweden sogar zu Straßenschlachten. Die Finnen feierten damals nach der jahrhundertelangen schwedischen Herrschaft das Ende des »aggressiven Imperialismus«. Inzwischen ist dieser Tag nicht mehr Schauplatz politisch divergierender Meinungen, sondern vielmehr ein Zelebrieren der finnischen Zweisprachigkeit.

10. am zweiten Sonntag im November begeht Finnland seinen Vatertag, und hier kann geflaggt werden, im Gegensatz zum Muttertag, da muss!

11. am Tag der finnischen Musik, am 8. Dezember, dem Jean-Sibelius-Tag, *Jean Sibeliuksen päivä*. Auch hier ist dessen Geburtstag am 8. Dezember 1865 in Hämeenlinna zum Jahrestag geworden. Dies ist der jüngste der Gedenktage, erst 2011 eingerichtet und benannt nach dem größten finnischen Komponisten.

Das Geld von gestern – die finnische Mark

Die Finnen haben ihre Mark, *markka*, geliebt wie wir Deutschen die unsere. Und auch die finnische *markka* hatte einen Wert von 100 Pfennigen. Der Weg zur eigenen Währung war lang für die Finnen, kein Wunder, dass sie die nicht so schnell verlieren wollten.

Im frühen Mittelalter galt eine »Silberwährung«. Als die Schweden im 13. Jahrhundert Finnland besetzten, brachten sie ihre Währung mit: Öre, Mark und Taler. Nach dem russisch-schwedischen Krieg geriet Finnland als Großfürstentum unter die Herrschaft der Zaren, und die führten natürlich den Rubel ein und die Kopeke.

Das änderte sich erst im 19. Jahrhundert durch die finnische Zentralbank, die *Suomen Pankki* (auf Schwedisch »Finlands Bank«), die viertälteste Zentralbank der Welt, gegründet am 1. März 1811 in Turku, damals Hauptstadt des Großfürstentums Finnland unter zaristischer Herrschaft. (1819 zog die *Suomen Pankki* in die neue Hauptstadt Helsinki.) Anfangs hatte die Bank die vornehmliche Aufgabe, die schwedischen Währungen einzuziehen. 1840 gab sie erstmals Banknoten aus, und 1865 gestaltete sie den Übergang vom Rubel zur Finnischen Mark, ein wichtiger Schritt für Selbstverständnis und Selbstvertrauen der finnischen Nation und die Entwicklung eines nationalen Bewusstseins.

Durch den Beitritt zur EU übernahm Finnland um die Jahrtausendwende den Euro als Währung und schaffte die alte, eigene Währung ab. 1999 wurde der Euro als Buchgeld eingeführt, 2002 als Bargeld.

Bei den Euro-Münzen gibt es eine Besonderheit. Ein- und Zwei-Cent-Stücke sind in Finnland quasi gar nicht im Umlauf. Im Land werden traditionell fast alle Preise auf 5-Cent-Beträge auf- oder abgerundet. Laut Europäischer Zentralbank besteht aber die Pflicht, alle Münzen zu prägen, und so gibt es sie, nur in kleinen Auflagen, überwiegend für Münzsammler.

Auf den Ein-, Zwei- und Fünf-Cent-Münzen ist der finnische Wappenlöwe zu sehen, auf der Ein-Euro-Münze fliegen Singschwäne über einer Seenlandschaft, und die Zwei-Euro-Münze zeigt eine blühende Moltebeere.

Für Nostalgiker: der Umtauschwechselkurs zum Euro (EUR)	
1 FIM = 0,17 EUR (0,168188 EUR)	1 EUR = 5,95 FIM (5,94573)
10 FIM = 1,68 EUR	10 EUR = 59,46 FIM
100 FIM = 16,82 EUR	100 EUR = 594,57 FIM

Was macht der Elch im Reisepass?

Die Finnen haben einen Ausweis mit Daumenkino. Weltweit einzigartig! Seit August 2012 gibt es in Finnland diesen neuen Reisepass: Auf jeder rechten Seite unten ist ein Elch abgedruckt (Alces alces, Schwedisch: »älg«, Finnisch: *hirvi*). Nimmt man den Pass und lässt die Ausweisseiten wie ein Daumenkino durch die Finger gleiten, sieht man, wie der Elch läuft! Eine Bewegungsstudie in insgesamt 6 Bildern, eine komplette Schrittfolge aller vier Beine. Auf insgesamt 20 Seiten läuft der Elch durch den Reisepass, und keiner gleicht dem anderen, immer ist am Bauch, am Hinterlauf, an den Hufen, am Rücken oder unter seinem Kinn ein unterschiedlicher Schattenverlauf. Alles auch im Dienste der Sicherheit, um Fälschern das Leben schwer bis unmöglich zu machen.

Mika Hansson vom finnischen Innenministerium ist mit Spezialaufgaben im Bereich Passwesen im Polizeipräsidium Helsinki betraut. Er war auch bei der Entwicklung dieses Ausweises eingebunden und erklärt mir die verschiedenen Sicherheitsaspekte. Er weist auf einen blassen Rand auf der Innenseite, fast wie ein Kaffeefleck wirkend, einen gezackten Kreis, für das bloße Auge unscheinbar. Dann holt er eine Vergrößerung dieser Seite. Der »Rand« ist eine umlaufende Gedichtzeile aus »Nocturne«, geschrieben vom finnischen Nationalpoeten Eino Leino:

»Ruislinnun laulu korvissani, tähkäpäiden päällä täysi kuu, kesäyön on onni omanani, kaskisavuun laaksot verhoutuu.«

Nocturne, also ein Nachtgesang. Hier der Versuch einer lyrischen Übersetzung: »Den Gesang des Wachtelkönigs in meinen Ohren, über den Ähren der Vollmond, ist das Glück mein in der Sommernacht, vom Rauch des brennenden Waldes werden die Täler verhüllt.«

Auch dies ein raffiniertes Sicherheitsfeature. Man staunt: Ein Ausweis mit Lyrik und Daumenkino!

Äußerlich ähnelt der finnische Reisepass in Format und Farbe unserem. Die Unterschiede beginnen aber schon im Aufdruck. Der finnische Ausweis ist zweisprachig, Finnisch und Schwedisch als Amtssprachen befinden sich beide bereits auf dem Titel.

Der Ausweis ist ein Meisterwerk aus Heimatliebe und Sicherheitskomponenten. Im Umschlag innen sieht man eine hügelige Landschaft, bestanden mit verschiedenen Bäumen, farbig gehalten, überwiegend in Grüntönen, von einem Singschwan überflogen. Freundlichkeit, Helle und Natur stehen dabei dem tristen Einerlei anderer europäischer Ausweise gegenüber. Auch das finnische Wappen, der Löwe mit dem Schwert, findet sich hier wieder. Auf der Rückseite findet man im führenden Design-Land der Erde Schneekristalle, nicht gedruckt, sondern als leichte Reliefs.

Mika Hansson erklärt weitere Details. So ist z. B. auch ein Chip in diesem Ausweis eingebaut, ein Verfahren, das seit 2006 möglich ist. Der finnische Reisepass ist wahrscheinlich das sicherste Reisedokument weltweit, das auf bewunderswert spielerische Weise die Sicherheitsanforderungen der EU erfüllt.

Neben dem »laufenden« Elch auf jeder rechten Seite finden sich auf jeder linken Seite im Reisepass weitere Tiere, die typisch sind für unterschiedliche finnische Regionen:

Eichhörnchen, *orava* auf Finnisch, ekorre auf Schwedisch, Latein: Sciurus vulgaris
Rentier, *poro*, ren, Rangifer tarandus tarandus
Weißrückenspecht, *valkoselkätikka*, vitryggig hackspett, Dentrocopos leucotos
Vielfraß, *ahma*, järv, Gulo gulo
Braunbrustigel, *siili*, igelkott, Erinaceus europeus
Sperber, *varpushaukka*, sparvhök, Accipiter nisus
Braunbär, *karhu*, björn, Ursus arctos
Hermelin, *kärppä*, hermelin, Mustela erminea
Kranich, *kurki*, trana, Grus grus
Rotfuchs, *kettu*, räv, Vulpes vulpes
Schneehase, *metsäjänis*, skogshare, Lepus timidus
Auerhuhn, *metso*, tjäder, Tetrao urogallus
eurasischer Luchs, *ilves*, lodjur, Lynx lynx
Grasfrosch, *sammakko*, vanlig groda, Rana temporaria
Uhu, *huuhkaja*, berguv, Bubo bubo
Reh, *metsäkauris*, rådjur, Capreolus capreolus
Wolf, *susi*, varg, Canis lupus
Mauersegler, *tervapääsky*, tornseglare, Apus apus
Fischotter, *saukko*, utter, Lutra lutra
Saimaa-Ringelrobbe, *saimaannorppa*, saimenvikare, Pusa hispida saimensis

Übrigens: Sollte der Finne seinen schönen Ausweis einmal verlieren, kann er einen Express-Pass bekommen. Das aber nur an zwei Stellen im Land, ausgegeben von der Polizei: am Helsinki-Vantaa Airport und im Stadtteil Pasila bei der Polizeistation Helsinki. Und er muss dabei ein wenig Glück haben, denn es gibt nur eine täglich limitierte Anzahl an »kurzfristigen Pässen«.

Wo der Finne zu Hause ist

Was bei uns Wochenendhaus heißt und im Osten Deutschlands Datsche, das ist in Finnland das *mökki*. Emotional ist es aber weit mehr als das. Eigentlich ist es das Wohnzimmer des Finnen, auch wenn sich das *mökki* hunderte Kilometer von der eigentlichen Wohnung entfernt befindet. Der Finne fühlt sich dort wie in seinem ganz privaten Schloss Neuschwanstein. Es ist, egal wie es ausgestattet ist, Schloss Windsor und Bärenhöhle zugleich, Rückzugsort und Gemütlichkeit, Versteck genauso wie Ballsaal. Hier ist man gern allein und empfängt genauso gerne Freunde und Familie.

Früher war das *mökki* eine kleine Zweiraumwohnung, ein Schlaf- und Wohnraum mit kleiner Feuerstelle und daneben die Sauna, das *saunamökki*. Das war alles. Man quetschte sich hinein und fühlte sich wohl. Heute sind manche dieser *mökkis* fast schon opulent ausgestattet, es fehlt an nichts, vom Wäschetrockner bis zum Flachbildschirm mit Satellitenschüssel ist alles vorhanden.

Der Finne ist naturverbunden wie kaum ein anderer Europäer. Und fast jeder, fast jede Familie, besitzt so ein *mökki*. Hier wird gewerkelt und gegärtnert, Holz gehackt und gestapelt, hier werden Beeren gepflückt, wird Fisch geräuchert, mit der Eishockey-Nationalmannschaft gefiebert oder einfach nichts getan und nur in die Natur geschaut.

Das Wichtigste am *mökki* ist der direkte Zugang zum See und ein eigener Steg. *Mökkis* ohne Steg sind beinahe *mökkis* zweiter Klasse.

Ohne geht gar nicht – die Sauna

Erfunden haben die Finnen die Sauna nicht, sie ist traditioneller Bestandteil unterschiedlichster Volkskulturen seit Tausenden von Jahren. Aber nirgends wurde sie so zum bestimmenden Element des Lebens wie in Finnland. Heute spricht man von über 2 Millionen Saunen in einem Land, in dem nur 5,4 Millionen Menschen leben. Die größte Saunalandschaft der Welt.

Die Sauna gehört zum Finnen wie die Haut zum Körper. Es geht nicht ohne. Was wir vielleicht als Spleen betrachten, war ein immens wichtiger Beitrag zur Volksgesundheit – und da hätten wir uns manchen Schweißtropfen von abschneiden können.

Das Saunen ersetzte dem Finnen die Dusche, lange bevor es fließendes Wasser gab. Saunieren reinigt den Körper. Und weit mehr: Die Hitze tötet alle Bakterien, vor allem auch die Läuse. Zur Zeit des Winterkriegs und des Fortsetzungskriegs, während des Zweiten Weltkriegs, litten die russischen Soldaten unter Fleckfieber, den schlechten hygienischen Verhältnissen geschuldet und übertragen durch Läuse, Milben, Zecken oder Flöhe. Kein Problem für die Finnen, denn die saunierten auch im Krieg. Bis heute nehmen finnische Truppen in UN-Diensten mobile Saunen mit in die Einsatzgebiete, ins ohnehin heiße Eritrea genauso wie zur Friedensmission in den Kosovo. Man sagt ihnen nach, die Sauna sei das Erste, was sie im Camp errichten.

Sogar zu den Olympischen Spielen 1936 in Berlin wurde den finnischen Sportlern im olympischen Dorf eine Sauna installiert.

Warum tragen manche Finnen in der Sauna Woll- oder Filzmützen?

1. »Die trage ich auch im Winter, also kann ich sie auch im Sommer auflassen.« Timo, 57, Lempäälä
2. »Die ist von meiner Frau gemacht, die muss ich tragen, sonst ist sie sauer.« Janne, 48, Nokia
3. »Mit Wollmütze hältst du die Hitze viel besser aus.« Pentti, 67, Tampere
4. »Wenn ich in der Sauna keine Mütze habe, brechen meine Haare!« Paula, 38, Tampere
5. »Wenn du bei uns in Lappland keine Mütze aufhast, wenn du nach der Sauna in den See gehst, dann stechen dir die Mücken den Kopf kaputt!« Kimmo, 61, Sodankylä

Die Sauna war in früheren Zeiten der zentrale Raum des Hauses. Hier war es heiß und damit steril. Hier gab es heißes Wasser, hier wurde Körperpflege betrieben, und hier wurden jahrhundertelang, auch noch bis ins 20. Jahrhundert hinein, Kinder geboren.

Gleichzeitig war es auch ein Ort der Ruhe, der Erholung für Körper und Geist, und sogar Geschäftstreffen und politische Meetings wurden in der Sauna abgehalten. Legendär sind die Treffen des finnischen Präsidenten Urho Kekkonen mit Politikern in der Sauna, und sie gehören bis heute zum Besuchsprogramm für die Diplomaten aus aller Welt. Kekkonen sagt man nach, in der Hitze und mit Wodka habe er weit mehr erreicht bei russischen Politikern, gerade auch bei Nikita Chruschtschow, als ohne denkbar gewesen wäre. Gelegentlich wird das in Erzählungen als »heiße Saunadiplomatie« bezeichnet.

Vor dem Zweiten Weltkrieg hatte die Sauna beim »Rest« der Welt, wenn man überhaupt von ihr wusste, einen seltsamen Ruf: Sauna und exotisch-erotische Tänze schienen ein und dasselbe zu sein. Nach dem Weltkrieg begannen die Finnen, ihre Botschaften weltweit mit Saunen auszustatten. Als die Sauna in der sowjetischen Botschaft in Helsinki eingeweiht wurde, dozierte Kekkonen: »Das Aufgusswasser muss so auf die Steine spritzen, wie ein Schaf pisst.« Die Saunaabende in der finnischen Botschaft in Moskau sollen legendär gewesen sein!

Auf vielen Pressefotos sieht man Kekkonen mit einem Handtuch umwickelt mit seinen Gästen schwitzen. Die ersten Einladungen zum gemeinsamen Saunieren führten bei den ausländischen Diplomaten durchaus zu größeren oder kleineren Irritationen, da sie den unbekannten Ritus für eine Art Nacktbaden hielten. Es soll anfangs mehrfach zur Flucht gekommen sein.

Heute unterscheidet man grob drei bzw. vier Arten von Sauna: die kleine Familiensauna, traditionell gebaut als Holzhütte, am oder im *mökki*, meist am See, holzbeheizt. Die zweite, inzwischen weitverbreitete Sauna ist die elektrische, in modernen Wohnungen fest installiert, manchmal als Kombination mit dem Bad, oft als kleine Extraeinheit. Jedes Mietshaus, jedes Mehrfamilienhaus hat außerdem, drittens, eine Gemeinschaftssauna, meist im Keller, in alten Häusern holzbefeuert, in neuen, modernen auch mit Elektroheizung. Ein »Saunaplan«, ähnlich unseren Putzplänen, regelt, wann jede Familie, jede Mietpartei, ihre eigenen Saunazeiten hat, dazu gibt es Gemeinschaftszeiten für Damen oder Herren.

Dann gibt es als Viertes noch einen ganz anderen Saunatyp, die Rauchsauna. Hier lagert in der Mitte auf einem Podest ein Haufen Saunasteine. Diese Steine werden – alle Öffnungen sind gut abgedichtet – bis zu einem ganzen Tag lang mit einem offenen Holzfeuer aufgeheizt, der schwere, schwarze Rauch zieht eine Rußschicht innen über das Holz. Erst kurz bevor man in die Sauna hineingeht werden ein oder mehrere Abzüge geöffnet, aus denen dann der Rauch entweicht. Ein beißender Geruch hängt im Raum, die Augen tränen. Das führte dazu, dass Carl von Linné auf seiner »Lappländischen Reise« diesen »Saunabrauch« eher verkannte und als Volkskrankheit interpretierte. Er schrieb: »Es kamen viele Finnen zu mir und mir wurde recht angst vor ihnen, denn sie alle waren triefäugig und nahezu blind. Sah man hier, wie ein Blinder von einem Blinden geführt wurde. Eitel war es für mich vollkommen nutzlos, ihnen irgendein Mittel zu verschreiben, solange die Ursache des Übels, ihre Rauchbuden, bestehen blieben.«

Heute sind Saunen in allen Hotels selbstverständlich. In den Städten gibt es außerdem öffentliche Saunen, z. B. in Tampere die *Rauhaniemen kansankylpylä*, eine öffentliche Badeanstalt direkt am See, oder die *Kotiharjun Sauna* und die *Sompasauna* in Helsinki. Hier geht man in Badekleidung hinein und sitzt auf Holzbrettern, die nach dem Saunagang jeweils abgespült werden und für andere Besucher zur Verfügung stehen.

Öffentliche Nacktheit liegt dem Finnen nicht, gemeinsam nackt geht man eigentlich nur im Familienkreis oder mit engen Freunden saunieren, ansonsten trägt man Badekleidung oder eher noch ein Handtuch um die Hüfte oder den Körper, auf dem man dann auch sitzt. Der Finne ist nicht so freizügig wie sein Ruf.

Nach dem Saunagang kühlt man sich ab, normalerweise im See, auch im Winter. Dazu wird ein Loch in das Eis gesägt und eine Leiter hineingehängt. Ist der nächste See zu weit entfernt, z. B. in den Haussaunen in der Stadt, muss man sich mit kaltem Wasser aus dem Schlauch begnügen. Oder man wirft sich in den Schnee. Wichtigstes Accessoire für die Sauna ist normalerweise ein Bier, entweder während oder mindestens danach, und – noch wichtiger – ein Birkenzweigbündel, *vihta*. (Näheres dazu im folgenden Kapitel.)

Wie viele Saunagänge man macht, wie oft man hineingeht, wie lange man drinbleibt – das alles ist ganz der Lust und Laune des Einzelnen überlassen. Dass es Saunaregeln geben könnte, wie in Deutschland propagiert, bringt den Finnen zu ungläubigem Kopfschütteln. Warum sollte man so etwas Schönes wie die Sauna mit »Regeln« und »Gesetzen« reglementieren, wenn doch der Körper am besten weiß, was gut für ihn ist?

Finnische Saunaregeln:

1. Es gibt keine Saunaregeln. Nie. Nirgends.
2. Die Deutschen sind verrückt. Sie haben Saunaregeln.

Im Kult um die Sauna zeigt sich auch der Witz der Finnen. So gibt es inzwischen jede Menge kurioser Saunen. Saunen werden in alle Behältnisse gebaut, in die ein Mensch hineinpasst und die man irgendwie schließen und beheizen kann. In Tampere hat ein witziger Verein, der »Verein der unterdrückten Männer«, eine fahrbare Sauna in Form einer *Lapin-Kulta*-Dose gebaut, einer finnischen Biersorte. Im finnischen Ylläs gibt es eine Saunagondel, die Karussellfahrt in die Höhe dauert 15 Minuten. Andere bauen Saunen in Wohnwagen oder in Telefonzellen. Im Film »Mittsommernachtstango« sieht man eine Sauna in einer Art Dixiklo, transportabel, auf einem kleinen Hänger, gezogen von einem Moped.

Warum frieren die Finnen Birkenzweige ein?

Wenn man über die Märkte geht, findet man immer wieder handlich zusammengebundene Birkenbüschel, in den Supermärkten gibt es sie sogar tiefgefroren in den Kühltruhen: Das Birkenbüschel heißt *vihta*, *saunavihta* (in manchen Regionen Finnlands auch *vasta*) und ist in der Sauna fast so unentbehrlich wie die Hitze. Das englische Wort »saunabeater« sagt schon sehr deutlich, um was es sich handelt: um einen Saunaschläger. *Vihtoa itseään* bedeutet, sich mit dem Birkenquast zu schlagen.

Man sucht kleine flexible Birkenzweige von 50, maximal etwa 60 Zentimeter Länge, die gut mit Blättern an kleinen Zweigverästelungen bewachsen sind. Manche reißen sie einfach vom Baum ab, andere schneiden sie ordentlich mit dem Finnenmesser. Dieser Birkenstrauß wird mit einem Faden zusammengebunden, original ist er aber eigentlich nur, wenn er von einem dünnen Birkenzweig zusammengehalten wird. Viele Finnen machen gleich einige auf Vorrat, um zu allen Jahreszeiten welche parat zu haben, hängen sie auf Leinen auf oder legen sie in die Kühltruhe. Beide Varianten, die getrockneten und die gefrorenen, kann man auch auf den Märkten und eben im Supermarkt kaufen, zum stolzen Preis von 6 bis 10 Euro. Bei eBay sind sie für 5,94 Euro plus 4,50 Euro Versand erhältlich.

Am besten gelingt der *saunavihta*, wenn man ihn aus jungen Birkenzweigen bindet. Die optimale Zeit für die Ernte ist kurz vor Mittsommernacht. Diese Zweige duften am intensivsten. Die Blätter sind dann noch »mäuseohrklein«, *hiirenkorvan kokoisia*. Auch das ist ein Grund für das Einfrieren: die optimale Blattgröße bei früher Ernte. Allerdings dürfen die Zweige nicht zu früh geschnitten werden, dann sind sie oft noch zu klebrig.

Zum Einfrieren steckt man das Birkenbüschel in eine Plastiktüte, drückt die Luft heraus und steckt diese dann in eine Papphülse, damit die Zweige nicht brechen. In lauwarmem Wasser brauchen sie dann etwa zweieinhalb Stunden zum Auftauen und duften fast wie frisch. Auch getrocknete Sträuße werden vor dem Saunagang ein- und aufgeweicht.

Der frischgeschnittene *vihta* riecht einfach gut. Dann schlägt man in der Sauna sich selbst oder dem Saunapartner auf Arme, Beine und besonders den Rücken. In der Reihenfolge geht man dabei, obwohl es in der finnischen Sauna eigentlich keinerlei Vorschriften gibt, am Körper von oben nach unten. Eine alte Volksweisheit besagt, dass man mit dem *vihta* auch Krankheiten aus dem Körper schlägt, sie »austreibt«, und die Krankheiten dann durch die Zehen- und die Fingerspitzen den Körper verlassen.

Diese Saunaprozedur ist einerseits vor allem eine Hautmassage. Durch die sanft prasselnden Blätter wird die Durchblutung angeregt. Und andererseits ist der *vihta* auch ein Deo und wirkt wie ein Birkenparfüm, das man sowohl auf die Haut »aufschlägt« als auch im Raum verteilt. Der *saunatonttu*, der Saunatroll, der in jeder Sauna wohnt, wird es danken, wenn es gut riecht. Werden getrocknete Sträuße in heißem Wasser eingeweicht, nimmt man dieses nun leicht aromatisierte Wasser gern auch für den Aufguss.

⌣⌒∿ Aus meinem Reisetagebuch IV ∿⌒⌣

Tüten in Tampere

Die ersten Tage in Finnland. Warm werden mit einem heißen Land. Während die Freunde in Deutschland in diesem Sommer Heizungen hochdrehten und Kachelöfen befeuerten, reiste ich bei Temperaturen zwischen 28 und 34 Grad. Ich akklimatisierte und transpirierte.

Tampere. Frühstück bei einer Freundin, Marja. »Hier ist Kaffee. Milch ist im Kühlschrank«, sagte sie. Ich nahm reichlich. Ich wusste aber nicht, dass Finnen nicht nur Milch in den viereckigen Tetrapacks abfüllen, sondern auch Joghurt. Das lernte ich nun, nachdem ich in den Kühlschrank gegriffen hatte und jetzt staunend die zähflüssige Masse in meinen Kaffee tropfen sah. Ich wollte die scheinbar vergorene Milch wegschütten, als Marja fragte: »Was machst du da?« Dann las ich es selbst. Auf der Packung stand: *jogurtti*. Kaffee mit Joghurt! Schmeckte gar nicht so schlecht.

Nach dem Frühstück fuhr ich zu einem Kultort der Finnen. Geheim. Im Wald, und doch nah am Wohngebiet. Hier gehen die Finnen einem für uns Südeuropäer unbekannten Ritual nach, das bis in die Zeit vor der Christianisierung Finnlands zurückreicht: das Teppichwaschen.

Dieser Teppichsäuberungsplatz hatte siebzehn Waschstationen, in einem langgezogenen Rechteck angeordnet mit einem komplizierten und komplexen Wasserrohrsystem versehen, das in jeder chemischen Fabrik Neid erwecken würde. Da waren Topingenieure am Werk. Dazu kam eine Teppichmangel, die alles Wasser bis zum vorletzten Tropfen herauspresst.

Hier wird geschrubbt und geschubbert, dass es die Teppichmilben nur so graust. Hausstauballergie ist in Finnland quasi unbekannt. Die Milbe hasst den Finnen. In keinem anderen Land der Erde muss sich die Milbe so verzweifelt wie vergeblich an den Teppichfaden klammern wie hier. Zum Glück für die Milben war jetzt kein Winter. Dann klopft man sie auf den bloßen Schnee und lässt sie steif gefroren liegen.

Zahlen, Maße und Gewichte
Was den Finnen auszeichnet

Was trinkt der Finne am liebsten?

Kahvi. Die Finnen sind Weltmeister in vielen, teils absurden Disziplinen – vor allem aber im Kaffeetrinken. In Finnland fragt man den Besuch nicht: »Soll ich Kaffee machen?« Man macht ihn.

Das Land ist führend im Kaffeekonsum weltweit. Seit Jahren. 11,4 kg pro Kopf waren es 2012, für 2013 schlugen schon 12,17 kg zu Buche. Das sind, je nachdem, welche Tassengröße die jeweilige Statistik zugrunde legt, zwischen 3,5 bis 4,7 Tassen am Tag. Meistens nimmt man in Finnland den *kahvi* schwarz, als hellgeröstete Bohne.

Die Finnen führen die Statistik seit Jahren locker an mit z. T. mehr als 2 kg Vorsprung. Dann kommen fast immer Norwegen, Island, Dänemark und Schweden, die Schweiz und die Niederlande in wechselnden Rängen. Aber dem Finnen kann da keiner die Tasse reichen.

Jede Menge Geschichten ranken sich um den Kaffee, Anekdoten und Witze. Eine geht so: Urho Kekkonen, der legendäre finnische Staatspräsident, reiste ohne Begleitung durch das Land. Jeder wusste, wer er war, aber längst nicht jeder wusste, wie Kekkonen aussah, denn es gab wenige Zeitungen, das Fernsehen war noch nicht verbreitet. Irgendwo auf dem Land machte Kekkonen Pause und klopfte an einem Bauernhaus an. Man sah seiner Kleidung an, dass er nicht irgendein Arbeiter war, sondern schon ein wichtiger, vornehmer Herr. Aber man fragt den Gast auch nicht neugierig aus. Die finnische Gastfreundschaft gebot, dem Gast einen Kaffee zu machen, und die resolute Hausfrau, bei der Kekkonen eingekehrt war, legte dazu ihre beste – und vermutlich einzige – Damastdecke auf. Eine Kostbarkeit, die sonst in ländlichen Gegenden nur für Taufen und Beerdigungen hervorgeholt wurde. Kekkonen verschüttete prompt etwas Kaffee. Ein Fleck breitete sich aus. Kekkonen, der um Wert und Symbolik der Decke genau wusste, entschuldigte sich sofort: »Oh. Das tut mir leid. Wirklich!«

»Kein Problem«, sagte die resolute Hausfrau, ohne sich ihren Ärger anmerken zu lassen. Bei der zweiten Tasse verschüttete ihr Ehemann etwas Kaffee. Im ortstypischen Dialekt, von dem die Hausfrau annahm, der »Städter« würde ihn nicht verstehen, zischte sie: »Jetzt kleckert auch noch der zweite Trottel!«

Nach seiner Rückkehr nach Helsinki ließ Kekkonen ihr ein Paket mit einer neuen weißen Damastdecke und mit einer Grußpostkarte schicken, auf der stand: »Diese Decke ist ein Geschenk für dich, vom ersten Trottel. Gruß, Urho Kekkonen.«

Harte Fakten, nackte Zahlen

- Finnland emotional: Wald, Seen, Sauna
- Finnland in Zahlen: 338 145 km² Fläche zwischen dem 60. und 70. nördlichen Breitengrad und dem 20. und 30. östlichen Längengrad
- 69 % Wald, 10 % Wasser, 8 % landwirtschaftliche Nutzfläche
- 5 455 580 Einwohner, davon 195 511 Ausländer (3,58 %), davon 3906 Deutsche (0,07 %). (Stand Januar 2014)
- Hauptstadt: Helsinki, 603 968 Einwohner (Stand Dezember 2012), europaweit liegt Helsinki damit auf Platz 64 und ist in etwa so groß wie Stuttgart oder Düsseldorf.
- Bevölkerungsdichte: 15,8 Einwohner je km². Die Zahl trügt ein wenig, denn die meisten Finnen leben im Süden ihres Landes, je weiter nördlich man reist, um so geringer wird die Einwohnerzahl.
- Lapplands Fläche umfasst 29 % der Fläche Finnlands. In Lappland wohnen nur noch 2 Einwohner auf einem km².
- Ca. 6 % der Finnen sind Finnlandschweden und damit schwedischsprachig, knapp 2 % sind Sámi.

- Konfession: Lutheraner 76,43 %, Orthodoxe 1,08 %, andere 1,49 %, Konfessionslose 21 %. Es gibt fast keine Katholiken in Finnland. (Stand 2012)
- Promillegrenze: 0,5. Höchstgeschwindigkeit: auf Autobahnen 120 km/h, im Winter 100 km/h, Landstraßen maximal 100 km/h, innerorts maximal 50 km/h.
- Eine Redensart sagt, Finnland sei das Land der 1000 Seen. Damit kommt man aber nicht hin. Es sind 187 880 Seen. Dabei zählt als See ein Gewässer mit mehr als 5 Ar Größe, das sind 500 m². Alles andere gilt nur als Teich und Tümpel, und davon gibt es natürlich auch noch jede Menge. Die größten drei Seen sind der Saimaa-See, der Päijänne und der Inarijärvi, alle drei haben über 1000 km². (Zum Vergleich: Der größte deutsche See ist der Bodensee mit etwas über 500 km², dann kommt schon der Müritzsee mit nur noch 117 km².) Der Päijänne ist auch der längste See und erstreckt sich über 120 Kilometer von Asikkala bis Jyväskylä. Auf dem Päijänne allein gibt es 1886 Inseln. Und er ist der tiefste See des Landes mit 95 Metern.
- Finnland hat 6554 Inseln, davon sind mit Åland 60 bewohnt.
- Der Kemijoki ist mit 552 Kilometern der längste Fluss Finnlands.
- Der Haltitunturi ist der höchste Berg Finnlands.

Die Höhenangaben reichen je nach Quelle von 1324 über 1331 bis zu 1365 Metern.

- Auf dem finnischen Korvatunturi, mit 483 Metern der neunthöchste Berg im Land, lebt der Weihnachtsmann, der *joulupukki*.
- Es werden viele Witze gemacht über die Kälteresistenz der Finnen. Angeblich liegt Finnland monatelang unter schockstarrer Kälte. Das ist aber Unsinn, in Finnland ist es wesentlich wärmer als an anderen Orten auf den gleichen Breitengraden. Im sibirischen Jakutsk ist es im Schnitt 13 Grad kälter als in Kuopio, das auf gleicher Höhe liegt.
- In Finnland gibt es kalte Winter und relativ heiße Sommer, bei einem deutlichen Temperaturunterschied zwischen Südfinnland und dem Norden von Lappland.
- Der Polarkreis trennt Mitternachtssonne und Polarnacht vom Rest Finnlands. Im nördlichst gelegenen Utsjoki geht im Sommer die Sonne 73 Tage lang nicht unter, im Winter kommt sie 51 Tage lang nicht über den Horizont.
- In Südfinnland beginnt der Sommer vier Wochen eher, und die dauert er auch länger als im Norden.
- Der Winter dauert im Südwesten 100 Tage, in Lappland bis zu 200.
- Der kälteste Tag war der 28. Januar 1999, in Pokka bei Kittilä wurden −51,5 Grad Celsius gemessen.
- Die höchste jemals gemessene Temperatur betrug

37,2 Grad Celsius – am 28. Juli 2010 in Liperi in Nordkarelien.
– Diese »theoretische« Temperatur-Differenz von 88,7 °C in einem Land müsste auch schon wieder ein Weltrekord sein.

Fakten und Finnen

– Es gibt kaum eine Statistik, in der die Finnen nicht mit führend sind: PISA, Kaffeeverbrauch … Vor allem: Die Finnen fühlen sich gut. Das zeigt Patz 7 in der Glücksstatistik des »World Happiness Report 2013«. Dass es »nur« Platz 7 ist, liegt auch begründet in den statistisch hohen Selbstmordraten. Allerdings stimmt es nicht, dass Finnland die höchste Selbstmordrate habe. Sie ist hoch, überdurchschnittlich, aber in dieser traurigen Statistik führt Litauen mit fast 33 Selbstmorden auf 100 000 Einwohnern vor Liechtenstein und Ungarn. Auf Platz 8 folgt Finnland mit 17,8. Die geringste Selbstmordrate hat Griechenland (3,3), was eine finnische Freundin mit den Worten kommentierte: »Natürlich haben die so eine geringe Selbstmordquote. Weil die kein Finanzamt haben!!«
– Im Ranking der zehn besten Länder weltweit, ermittelt aus Zahlen für Bildung, Gesundheit, Lebensqualität, Wirtschaftswachstum und politische

Verhältnisse, war Finnland Spitzenreiter 2012, vor der Schweiz und Schweden. Finnland war führend in allen Kategorien. In der ersten Untersuchung von 2010 gab es ein identisches Ergebnis – Finnland vor der Schweiz und Schweden.

- Die Fluglinie Finnair führte 2012 die Liste der sichersten Fluglinien an. 2013 rutschte sie auf den dritten Platz ab – mit einer Minimaldifferenz von 0,003 Bewertungspunkten auf dem Index zu Platz 1.

- Finnland zählt zu den sichersten (Reise-)Ländern überhaupt (2013 lag Finnland auf Platz 4 weltweit) und zu den friedlichsten Ländern der Erde (2011 auf Platz 7, 2013 auf 9).

- Das Bruttoinlandsprodukt (BIP) beträgt in Finnland 30 900 Euro und liegt damit deutlich über dem Schnitt in Europa (23 100 Euro). Doch Arbeit ist teuer: In der Privatwirtschaft betragen die Arbeitskosten je Stunde in Finnland 31,10 Euro, in Europa 23,50 Euro.

- Die Erwerbsquote beträgt 60,1 %, das sind 2 716 000 Erwerbspersonen. Die Arbeitslosenquote lag 2012 bei 7,6 %, 21,4 % gelten als Langzeitarbeitslose, die Jugendarbeitslosigkeit beträgt 20,7 %.

- Die Inflationsrate liegt in Finnland bei 2,2 %, in Europa 1,5 % (2013). Das Wirtschaftswachstum lag 2012 bei −0,8 %, europaweit bei 1,5 %.

- Die Lebenserwartung liegt für Männer in Finn-

land bei 76 Jahren, 83 bei Frauen, und stieg für beide Geschlechter um ein Jahr in den letzten fünf Jahren. Die Geburtenrate je Frau beträgt 1,83.
– Die Bevölkerung wendet 12,22 % der Konsumausgaben für Nahrungsmittel auf, 26,94 % für die Wohnung. 2012 gab jeder Finne statistisch 839 Euro für Alkohol aus, 20 Euro mehr als im Jahr zuvor.
– Ein Finne verbraucht im Jahr 5 kg Butter, 77,2 kg Fleisch, 62,9 kg frisches Gemüse und 50,5 kg Obst. Beim Butterverbrauch gab es von 2010 zu 2011 einen rasanten Anstieg um 1,7 kg, das waren 52 %!

Aber was sind schon Zahlen?

Vorbildlicher Finne

Die Vereinigung »Reporter ohne Grenzen«, 1985 gegründet, veröffentlicht jährlich den »Press Freedom Index«, eine Studie zur Situation der Journalisten weltweit. Die Liste der Länder mit dem höchsten Grad der Pressefreiheit, den wenigsten Eingriffen, Bedrohungen und Zensur wird 2014 wieder von Finnland angeführt, gefolgt von den Niederlanden und Norwegen, Luxemburg und Andorra.

Der »Korruptions-Index« von Transparency International ermittelt die geringste Korruption. Für 2013:			
Platz	Land	Punkte	Vorjahresplatz
1	Dänemark	91	1
1	Neuseeland	91	1
3	Finnland	89	1
3	Schweden	89	4

PISA

Im Dezember 2013 kamen die neuen PISA-Zahlen heraus: Finnland sank im Teilbereich Mathematik auf den 12. Platz, bei der Lesekompetenz auf 6 und bei den Naturwissenschaften auf 5. Aufgeregt suchten die Finnen nach Ursachen, während sich andere darüber freuten, aufgeholt zu haben.

Finnische Experten kamen zu dem Ergebnis, dass die unerwartete Position als Weltführer und »role model« im Schul- und Erziehungswesen Finnlands früheren Einsatz zu ständiger Verbesserung und Erneuerung zerstört habe.

Einige sagen, dass durch eine gewisse Selbstzufriedenheit und mit dem Fokus darauf, Tausenden von internationalen »Erziehungstouristen« die Vergangenheit zu erklären, die Aufmerksamkeit verlorengegangen sei, Finnlands eigenes Schulsystem weiterzuentwickeln.

Warum schnitten die Finnen bei PISA jahrelang so gut ab?

Staunend stand Europa, im Grunde die ganze Welt, vor den Schulerfolgen der Finnen in den PISA-Untersuchungen, dem Programm zur Internationalen Schülerbewertung. Die Finnen führten in allen Kategorien. Die Finnen waren Weltmeister in Lernerfolgen. Und das setzte sich um: Nokia war jahrelang Weltmarktführer in dieser zu der Zeit modernsten Kommunikationssparte, Linus Torvalds hat das weltweit erfolgreiche Computerbetriebssystem Linux entwickelt. Solche Erfolge kommen nicht von ungefähr.

Die Kinder in Finnland kommen im Alter von sechs Jahren in die – kostenlose – Vorschule. Die Kita kostet Gebühren, gestaffelt nach Einkommen, ein weiterer Anreiz also für die Eltern, die kostenlose Vorschule in Anspruch zu nehmen. 80 % der Kinder können schon lesen, wenn sie in die erste Klasse kommen.

Die Schulen sind Gemeinschaftsschulen, in denen die Kinder von der 1. bis zur 9. Klasse unterrichtet werden. Das dreigliedrige Schulsystem, in dem auf die Grundschule entweder Hauptschule, Realschule oder Gymnasium folgt, wurde in Finnland Anfang der 1970er Jahre aufgegeben.

Schwächere Schüler erhalten Förderunterricht in der Schule. In Finnland gibt es praktisch keinen

Nachhilfeunterricht, der von Eltern finanziert werden muss. Man ist der Meinung, die Schule müsse das leisten. Und sie leistet das.

Die Finnen können mit Recht stolz sein, belegt durch die PISA-Studien, dass der Lernerfolg bei ihnen nicht von der sozialen Herkunft abhängig ist. Das Motto des finnischen Bildungssystems lautet: »Wir lassen keinen zurück.« Staatspräsidentin Tarja Halonen wurde im Zusammenhang mit Bildungsausgaben in der Presse einmal mit der sehr populären Formulierung zitiert: »Ich möchte jeden Finnen zu einem Steuerzahler machen.« (Die Finnen investieren 6,8 % des BIP in Bildung.)

In Finnland gibt es keine Schulpflicht, sondern eine Lernpflicht. Die Eltern können den Unterricht selber organisieren, müssen das aber nachweisen und die Kinder regelmäßig zu staatlichen Prüfungen bringen. Von dieser Regelung wird aber nur selten Gebrauch gemacht.

Die Lernpflicht gilt für Kinder im Alter von sieben bis sechzehn Jahren. Alle Lehrmittel sind kostenlos. Dazu bekommt jedes Kind täglich ein kostenloses warmes Mittagessen in der Schule. Da meistens beide Elternteile arbeiten – das ist in Finnland die Regel –, gibt es vor und nach dem Unterricht Kinderbetreuung.

Die Notenskala reicht von 10 als bester bis zur 4 als schlechtester Note, mit der man durchgefallen ist.

Mit einem Notendurchschnitt von mindestens 7,0 aus der neunten Klasse der Gemeinschaftsschule kommt man über eine Bewerbung in die gymnasiale Oberstufe. Wer keinen Platz an einer weiterführenden Schule findet, kann in eine 10. Klasse an einer Gemeinschaftsschule gehen, um die Noten noch einmal zu verbessern, oder eine Berufsausbildung beginnen.

Finnland hat kein duales System, also das Nebeneinander von betrieblicher und schulischer Ausbildung zum Erlernen eines Berufs. Die Berufsausbildung findet in eigenen Werkstätten statt, nicht in Firmen und Betrieben.

Wer weiter zur gymnasialen Oberstufe geht, und das sind in Finnland ca. 50 % der Schüler, schließt in der Regel nach drei, maximal nach vier Jahren mit dem Zentralabitur ab. Es gibt in der Oberstufe keine Klassen, sondern ein Kurssystem, das es ermöglicht, auch schon nach zwei Jahren abzuschließen.

Alle Schüler machen landesweit die gleiche Abiturprüfung, die von einer zentralen Kommission erstellt und bewertet wird. Die schriftlichen Prüfungen dauern je sechs Zeitstunden. Am nächsten Morgen stehen die Aufgaben in der Zeitung. Jeder, der will, kann überprüfen, ob er das Abitur bestanden hätte.

Die in Deutschland in den vergangenen Jahren so oft diskutierte Inklusion, das Nebeneinander von Schülern mit und ohne Handicap in einer Klasse, ist in Finnland kein Thema, denn es gab sie schon immer. Lediglich für Blinde, Gehörlose und Kinder mit Schwerstbehinderungen gibt es für deren spezielle Erfordernisse eigene Schulen.

Das gute Abschneiden der Finnen gerade in den Lesewettbewerben kann man sogar historisch begründen. Frühes Ziel der lutherisch-evangelischen Kirche war, dass jeder Finne Gottes Wort selber lesen können solle. Die Bibel und den Katechismus, vor allem auch die zehn Gebote. Dafür musste man eine Prüfung machen, die *kinkerit*. Diese Prüfung entsprach der heutigen Konfirmation. Wenn man die nicht bestand, durfte man nicht heiraten. Ein raffiniertes Druckmittel zur Verbesserung der Lesekompetenz!

Lehrerausbildung

Eine entscheidende Komponente für den Lernerfolg der Kinder liegt im sozialen Status der Lehrer. Lehrer genießen in Finnland hohes Ansehen. Die finnischen Pädagogen verdienen weniger als die Deutschen. Aber sie haben eine wesentlich geringere Unterrichtsverpflichtung in der Woche als ihre deutschen Kollegen. Die Sommerferien sind sehr lang, zweieinhalb Monate, aber es gibt nur »kleine« Ferien an Ostern und Weihnachten.

Wer in Finnland Lehrer werden will, muss sich mit

dem Abiturzeugnis an der Universität bewerben, an einer schriftlichen Aufnahmeprüfung teilnehmen und dann an einem Gespräch, in dem die Eignung für den Lehrerberuf überprüft wird. 2012 wurden nur 8 % der Lehramtsbewerber aufgenommen.

Der Weg ins Lehramtsstudium hat also drei Hürden, ein gutes Zeugnis, die Prüfung und das Gespräch. In Finnland ist es einfacher, einen Studienplatz für Medizin oder Jura zu bekommen, als einen für das Lehramt. Nicht zuletzt diese Beschränkung führt zum guten Image. Auch Kindergärtnerinnen werden an der Universität ausgebildet, in Finnland werden sie »Kindergartenlehrerinnen« genannt und machen einen Bachelor-Abschluss.

Auffallend: Lediglich 9 % der Lehramtsstudenten sind Männer. Die Universitäten überlegen tatsächlich, eine Männerquote bei den Studierenden einzuführen. Aber dann würde man für Männer mit schlechteren Noten junge Frauen mit besseren Noten nicht zulassen!

Vappu

Das Schönste ist für jeden Schüler der Abschluss, das Abitur, das Ende der Schulzeit. Zum einen gibt es einen Ball, wie er ja auch in Deutschland in den letzten Jahren wieder in Mode kommt – in Finnland ist es ein Tanzabend, die Männer kommen im Frack, die jungen Frauen im Abendkleid und mit kunstvollen Frisuren, das lässt man sich richtig was kosten. Die Kostümverleihfirmen sind für diese Zeiträume auf Jahre hinaus ausgebucht.

Aber es gibt noch einen zweiten Ritus. Jeder Schüler, Mädchen und Junge, kauft sich zum Abitur (oder bekommt sie geschenkt) eine Mütze, die *ylioppilas-lakki*. Diese »Abiturientenmütze« sieht so ähnlich aus wie eine Matrosenmütze, weiß, mit dunklem Rand und schmalem Schirm. Jedes Jahr, wenn die Arbeiter ihren 1. Mai feiern, feiern auch die Abiturienten wieder ihren Schulabschluss. Das Fest beginnt bereits am Vorabend des 1. Mai, des *vappu,* und geht über den ganzen Tag. Alle aktuellen und ehemaligen Abiturienten setzen die Mützen auf und feiern exzessiv und ausgelassen. Es sieht aus, als sei ganz Finnland ein Land der Abiturienten. Alles beginnt in Helsinki um 18 Uhr. Im Brunnen auf dem Kauppatori-Platz steht eine Bronzestatue, eine nackte Meerjungfrau, eine Figur mit großer Erotik. Eine Skulptur des Künstlers Ville Vallgren mit Namen Havis Amanda. Wenn ihr die Abiturientenmütze aufgesetzt wird, unter dem Jubel tausender Zuschauer, beginnt ein Fest von größter Ausgelassenheit.

Je schmutziger die Mütze, desto besser. Hier ist Schmutz keine Schande, sondern der Beweis, lustvoll gefeiert und gut gelebt zu haben.

Warum schlafen alle Kinder
in der gleichen Bettwäsche?

Ein hervorragendes Element finnischer Sozialversorgung trägt den Namen *neuvola* und ist eine Beratungseinrichtung für schwangere Frauen, gegründet 1922, seit 1944 flächendeckend in Finnland eingeführt, auch im dünnbesiedelten Lappland. *Neuvola*, also schon 5 Jahre nach der Unabhängigkeit begründet, war eine Reaktion der Finnen auf die hohe Kindersterblichkeit. Die Einrichtung ist beliebt und von Finnen aller sozialen Schichten akzeptiert und wird zu fast 100 % wahrgenommen.

Die Betreuung der Familien, besonders der schwangeren Frauen, beginnt weit vor der Geburt. Im Interesse des werdenden Kindes entwickelten die Finnen eine umfassende Beratung und praktische Unterstützung. Die Gesundheitspfleger arbeiten mit einem großen Team von Spezialisten in den kommunalen Gesundheitszentren zusammen, mit Psychologen, Physiotherapeuten, mit Fachärzten, Sprachtherapeuten oder Sozialarbeitern. Die Betreuung reicht vom Säuglingsalter über die Kitazeit bis in die Schulzeit.

Die Akte aus der *neuvola* wird mit Einverständnis der Eltern an die Kita weitergegeben, so dass die Betreuerinnen vor Ort wissen, welchen Förderbedarf das Kind hat, wo mögliche sprachliche oder motorische Defizite liegen. Und Therapeuten wie Logopäden und andere kommen dann in die Kitas und arbeiten dort mit den Kindern.

Besonders spektakulär scheint gerade für uns dabei das Startpaket zu sein, das jedes Kind zur Geburt bekommt. Das ist etwas grundsätzlich anderes als die Werbesendungen von Kindernahrungs- und -windelherstellern, die deutsche Eltern im Krankenhaus noch aufgedrängt bekommen.

Im finnischen Startpaket sind Windeln, aber auch Fläschchen, ein Schlafsack, Kinderkleidung, Bodys, verschiedene Strampler, Socken, Kopfhaube, eine Pudelmütze (!), verschiedene Overalls, auch ein Winteroverall mit Handschuhen und Füßlingen, Badetuch, Zahnbürste, Thermometer. Die Eltern könnten sich den Gegenwert auch auszahlen lassen, aber fast alle nehmen das Paket. Sie stecken ihre Säuglinge, egal ob Firmenboss oder Angestellter, in den gleichen Strampelanzug aus dem Startpaket der *nouvola*.

In diesem Paket befindet sich das erste Kinderbuch (in Finnisch und Schwedisch, und es gibt eine separate Ausgabe mit sámischer Übersetzung) genauso wie Kondome für die Eltern. Und die Krönung: Das Paket, in dem das alles verpackt ist und geliefert wird, ist gleichzeitig ein Kinderbett mit Matratze und Bettbezug. Natürlich bedruckt in schönstem finnischen Design. Mit der Abdeckung darauf wird es zum Wickeltisch.

Die Ausstattung aus dem Paket ist ausnahmslos in Top-Qualität. Der Hersteller ist übrigens auch der Hersteller für die finnische Militärkleidung.

Nach der Geburt hat der Vater die ersten 14 Tage Sonderurlaub. Auch er soll schon früh eine intensive Beziehung zum Kind herstellen können.

Oft gehen die Kinder schon nach 9 Monaten in die Kitas. Ab halb sieben können sie gebracht werden, bis 19 Uhr müssen sie spätestens wieder abgeholt werden, allerdings maximal nach acht Stunden am Tag. Die Kosten richten sich nach dem Einkommen der Eltern. Die Kinder selbst sind in kleinen Gruppen untergebracht, der Betreuungsschlüssel der unter Zweijährigen liegt bei 1:1, bei den bis zu Vierjährigen bei 1:4, danach dann bei 1:7.

Trüffel, Höhlen, Nordmanntanne
Womit der Finne überrascht

Friedlicher Finne

Meine nächste Station war Lahti. Ich wohnte in »Irma's Bed & Breakfast«. Und begegnete nun den Finnen und ihren Riten. Zum Beispiel das Frühstück bei Irma. Mit Löffel und Gabel.

»Äh, ein Messer?«, fragte ich.

Der Finne hat die Messer kollektiviert. In der Butter steckt immer eins aus Holz, und das benutzen alle. Dasselbe beim Streichkäse.

In der Statistik der Waffenbesitzer liegt Finnland weltweit auf Platz drei, nach den USA und dem Jemen. Aber zum Frühstück gibt es kein eigenes Messer! Der Finne will den Tag scheinbar friedlich beginnen.

Trüffel in Finnland

Von meiner Vermieterin Irma erfuhr ich, dass hier in Lahti ein *tryffdeli* sei, ein kleiner Laden mit Trüffelspezialitäten.

»In Lahti?«, hatte ich ungläubig gefragt. Irma hatte genickt. »Aber die sind importiert!«, sagte ich.

»Nein, nein, die findet meine Freundin hier im Wald.«

So weit im Norden Europas? In Finnland? In Lahti? Ich konnte es nicht glauben. Dann stand ich in Jaanas kleinem »Deli«. In den Sommermonaten hat sie hier in und vor der umgebauten Garage einen Shop, das TryffDeli, ein kleines Café mit lauter Besonderheiten. Alles ist handgemacht, selber geerntet, gefunden, verarbeitet, nach eigenen, oft auch direkt erst hierfür erfundenen Rezepten. Hier stehen kleine Gläser mit Trüffelhonig, Trüffelsenf, Trüffelöle, auch Trüffelsalz, verschiedene Marmeladen.

Das Signet des TryffDeli, ein mintfarbener Kreis mit dem Schriftzug darin, sieht elegant und gleichzeitig einladend aus. Es ist ihre eigene Arbeit, Jaana ist gelernte Designerin. Esa, ihr Mann, ist Künstler. Ihren Deli öffnet sie in der Sommersaison an drei Tagen, dienstags, freitags und samstags. Sie bietet Kuchen und Kaffee an. Der Jahreszeit entsprechend gibt es einen phantastischen Erdbeerkuchen. Dann erzählt Jaana, wie alles begann, dass sie und ihr Mann einen Hund haben wollten und dann auf diese Rasse stießen, Lagotto Romagnolo, eine der sehr seltenen »Wasserhunderassen«. Sie wurden früher, bis Ende des 19. Jahrhunderts, zum Auffinden und Apportieren von erlegtem Wasserwild abgerichtet.

Die Lagottos seien inzwischen berühmt für »truffelhunting«, wie sie sagt, also für die Trüffeljagd, die Trüffelsuche. Die Idee und Vorstellung, mit ihrem Hund auf Pilzsuche gehen zu können, fanden sie großartig. Und dann holten sie sich ihren Hund, Siiri, tatsächlich aus Italien. Inzwischen haben sie eine kleine Zucht, und Jaana und ihr Mann Esa besitzen noch Pala, Pepe und Bea, lebendige, verspielte, wuschelige Tiere mit zotteligem Fell.

Zuerst trainierten sie ihre Siiri, Pfifferlinge und andere Pilzarten zu suchen, und mit einigen versteckten getrockneten Pfifferlingen führt sie jetzt im eigenen Garten vor, wie eine solche Pilzsuche durch den Hund vonstatten geht. Wenn der Hund den Pilz gefunden hat, bellt er und bekommt natürlich eine Belohnung.

»So haben wir sie auf verschiedene Pilzarten trainiert.«

»Aber Trüffel?«

»Wir haben geglaubt, es müsste mindestens im Süden Finnlands welche geben. Manche wachsen sogar im Garten. Für andere musst du in den Wald.«

Trüffel, so erfuhr ich nun, wachsen unterirdisch, auch andere Pilzsorten, es gebe aber auch verschiedene Trüffelsorten.

»Und viele Orte, wo du sie finden kannst. Wenn du einen klugen Hund hast«, lachte sie.

»Wir kooperieren inzwischen auch mit der Universität Turku. Wir berichten von unseren Funden, und geben ihnen Trüffel und andere Pilze, die dann untersucht und katalogisiert werden können.«

»Wusste denn irgendwer in Finnland von den Trüffeln?«

»Die Wissenschaftler und Biologen hatten vermutet, es müsse welche geben, aber sie hatten noch keine gefunden. Das waren dann wir.«

Und wieder lachte Jaana. Und dann erzählte sie vom Hundetraining, von den Anfängen in ihrer Garage, von Pilzen, die sie in Filmdosen versteckten, und dann von der Idee zum TryffDeli.

»Plötzlich hatten wir viel mehr Pilze, als wir verbrauchen konnten.« Für eine gelernte Designerin war der Rest kein Problem. Es ist beeindruckend, welcher Ideenreichtum bei Jaana in die Arbeit floss. Jedes Glas, jede Flasche ist mit einer eigenen Banderole verschlossen, quasi versiegelt. Und auf dieser Banderole steht, welcher ihrer Hunde wann und wo diesen Trüffel entdeckte. Eine Idee, charmant, witzig und rührend zugleich. Und immer wieder und immer mehr wird über Jaana und ihre Hunde berichtet, in kulinarischen Zeitschriften genauso wie in Tageszeitungen oder »Gesellschaftsblättern«, und so wurde Siiri mehrfach zum »Covergirl«. Und natürlich gibt es TryffDeli inzwischen auch im Internet und auf Facebook.

Siiri lag neben uns im Gras und wirkte irgendwie sogar stolz, als könnte sie hören und verstehen, wie wir über ihre Erfolge redeten.

Aber es gab noch ein echtes Hindernis vor dem Glück – die finnische Verwaltung. Die ist manchmal bürokratischer als die deutsche! In Finnland ist es nach dem »Jedermannsrecht« erlaubt, in der Natur Beeren zu pflücken und Pilze zu suchen. Vom Jedermannsrecht abgedeckt ist auch deren Verkauf. Man darf sich also in der Natur bedienen und anschließend sogar ein Geschäft daraus machen: Pilze, Beeren, Wildblumensträuße … Nur bei Jaanas Trüffeln gab es ein Problem. In einem frühen Gesetzgebungsverfahren wurden alle Pilze aufgezählt, die unter dieses Jedermannsrecht fielen – Trüffel waren nicht dabei! Weil man schlicht nicht damit gerechnet hatte, dass es welche gab. So weit, so gut. Weil aber nicht sein kann, was nicht sein darf, schlug der finnische Amtsschimmel zu. Nun untersagte die finnische Bürokratie Jaana jedweden Verkauf ihrer Trüffel und der mit ihnen hergestellten Produkte. Jaana begann nach freundlichen Anfragen und Eingaben, die keinerlei Änderung brachten und eben keine Verkaufserlaubnis, schließlich einen Rechtsstreit mit dem Gesundheitsministerium. Der zog sich über insgesamt vier Jahre. Jaana schüttelte beim Erzählen immer noch ungläubig den Kopf, dann lachte sie wieder: »Nun ist das Gesetz ganz weg. Sie haben es am Ende komplett gestrichen, weil sie gemerkt haben, wie unsinnig die Liste überhaupt ist!«

Und Janaa erfindet nun weiter, Rote-Bete-Schokoladen-Pralinen, Rosmarin-Pflaumen-Marmelade, Trüffel-Lachs-Rollen, Trüffel-Brie, Trüffel-Salat-Dressing, Windbeutel mit *kylmäsavuporo*-Trüffel-Füllung (mit Rentier, Meerrettich, Frischkäse, Rosmarin, Honig u. a.).

Ich kaute genussvoll am Erdbeerkuchen, nahm noch Kaffee und strich Siiri über den Kopf, die meine Hand ableckte, und fragte: »Also hat eigentlich dieser Hund hier, nur mit seiner Spürnase, ein ganzes Gesetz gekippt?«

Jaana grinste stolz: »Yes, you could say so!« Ja, das kann man so sagen!

Dann fuhr ich zurück zu Irma, die mit Ehemann Roope vor kurzem einen jungen Lagotto aus Jaanas Zucht übernommen hatte. Am nächsten Morgen kam Roope im Sportdress durch die Wohnküche. »Frühsport?«, hatte ich gefragt.

»Kombination Nordic Walking – Pfifferling-Suchung!«, sagte er und zeigte einen prall gefüllten Beutel frischer Pilze, die Irma sofort verarbeitete. Irma macht das beste Frühstück der Welt, und natürlich waren sofort frische Pfifferlinge im Rührei. Wie es bei Jaana war, fragte er nun. Ich erzählte begeistert. Und sagte:

»Wie viele Pilze wirst du erst finden, wenn der Hund dich zum Nordic Walken mit Pfifferling-Suchung begleiten wird.« Roope lachte. »Du wirst eine Schubkarre brauchen«, prophezeite ich ihm.

PS: Im Sommer 2014 ist Jaana mit ihrem TryffDeli in »die Stadt« gezogen und hat in Lahti in der Vapaudenkatu 8 eröffnet.

Kulinarisches Finnland 1

Jaanas Pilzsuppe mit geschlagener Trüffelsahne
(TryffDeli Lahti)

1 Liter Pfifferlinge (die Finnen wiegen nicht ab, sie
füllen Gefäße!)
1 mittelgroße Zwiebel
2 dl Wasser
1 Brühwürfel (Gemüsebrühe)
1 Esslöffel Butter
3 Esslöffel Mehl
8 dl Milch
kräftiger Schmelzkäse zum Abschmecken
Salz
schwarzer Pfeffer
1–2 dl Sahne
gehackte Petersilie

Die gesäuberten Pilze hacken, in eine Bratpfanne geben und kurz anbraten, bis die überschüssige Flüssigkeit verdampft ist. (Getrocknete Pilze sollten über Nacht eingeweicht werden.)

Brühwürfel im Wasser auflösen und erhitzen.

Die gehackte Zwiebel und Butter in einen kleinen Kochtopf geben, die Pilze dazugeben. Das Mehl einrühren und langsam die Gemüsebrühe dazugeben.

Alles umrühren und bei niedriger Hitze köcheln lassen.

Für eine glattere Konsistenz einen Handmixer verwenden.

Schließlich die Sahne und die Petersilie dazugeben. Mit Salz und frisch gemahlenem Pfeffer abschmecken.

Für die geschlagene Trüffelsahne:

1,5 dl Schlagsahne steif schlagen, 3 Esslöffel weiche Butter (Zimmertemperatur) dazugeben und vermischen. Frisch geriebenen Trüffel oder zerstoßenen Trüffel dazugeben, mit Salz abschmecken.

Einen Löffel Trüffelsahne auf jede Portion heißer Suppe geben.

Was ist das berühmteste finnische Rezept?

Die vielleicht bekannteste finnische Liebesgeschichte schuf auf alle Fälle das bekannteste finnische Rezept – oder war es umgekehrt?

Dieses Rezept begann seine ungewöhnliche und rauschende Karriere im Herbst 2012 auf Facebook, dann im »Helsingin Sanomat«, der großen Tageszeitung.

Nachdem »Helsingin Sanomat« das Rezept veröffentlicht hatte, war die Ausgabe innerhalb kürzester Zeit vergriffen. Und in den nächsten Tagen waren, genau wie vorher die Zeitung, nun die Zutaten für das Rezept in den Lebensmittelgeschäften, besonders in Helsinki, komplett ausverkauft. Jeder wollte es nachkochen. Es war ein Hype sondergleichen. Fünfeinhalb Millionen Finnen wollten »Avocado-Pasta«. »Finland went crazy«, berichtet selbst Lilja aus Ivalo, und weiter weg konnte man von Helsinki fast nicht sein. Das Land »tickte« förmlich aus. Die Lebensmittelgeschäfte richteten bald extra Verkaufsstände ein, auf denen man alle Zutaten für das Rezept bekommen konnte.

Die Finnen waren verrückt nach der Pasta, mehr aber noch als vom kulinarischen Aspekt waren sie von der Geschichte hinter dem Rezept begeistert, der Liebesgeschichte von Hanna und Alexander:

Alexander Gullichsen war zumindest in Helsinki schon ein bekannter Koch und Gastronom. Und er war absolut verliebt in Hanna, eine freiberufliche Autorin und Bloggerin für Themen rund um Küche und Kulinarik. Nun hatte Alexander seine Freundin Hanna eingeladen. Nicht ins Restaurant, sondern zu sich nach Hause. An diesem Abend wollte er ihr den Heiratsantrag machen. Und er bekochte sie mit eben jener »Avocado-Pasta«. Nach dem Essen sagte sie ja! Angeblich hat sie fast geweint – wegen des Essens!

Alexander stellte das Rezept mitsamt der wunderbaren Liebesgeschichte auf seine Facebookseite. Das wurde der Beginn einer Erfolgsstory. Schon auf Facebook verbreitete es sich rasend, dann griffen es die Medien auf. Die Finnen reagierten, als hätten sie nur darauf gewartet und wollten das Rezept nun wahrscheinlich selbst zum Eheanbahnen nutzen – wie sie es so wortlos sonst nur beim Tango können.

Kulinarisches Finnland 2

Gullichsens Avocado-Pasta

Hier ist es, das legendäre Rezept für 4 Personen:
1 Knoblauchzehe
½ Chili (Kerne entfernen)
1 Limette
2 reife Avocado
Salz
schwarzer Pfeffer
ein Schuss Olivenöl
eine Handvoll Basilikum
eine Handvoll Petersilie
30 g (1 dl) geriebener Pecorino
30 g (1 dl) geriebener Parmesan
400–500 g Spaghetti

Die Soße rät Gullichsen in der Schüssel zuzubereiten, in der die Pasta aufgetragen wird. Den Knoblauch sehr fein hacken, die Chili hacken, beides in die Schüssel geben. Dann die Limette auspressen und dazugeben.

Die Avocados aushöhlen und ebenfalls dazugeben.

Die Kräuter hacken, beide Käse reiben. Salz, Pfeffer, Olivenöl, Kräuter, Pecorino und Parmesan dazugeben, mischen und abschmecken, keine Angst vor Salz (sagt Gullichsen).

Spaghetti in gut gesalzenem Wasser al dente kochen, abgießen, etwa 1 dl des Kochwassers nehmen und unter die Soße rühren.

Nun die Spaghetti mit der Soße mischen, servieren. Am Tisch noch Parmesan über die Teller reiben und mit schwarzem Pfeffer aus der Mühle würzen.

Guten Appetit!

Nun sind Sie ein halber Finne und können heiraten oder entsprechende Anträge formulieren!

Kulinarisches Finnland 3

Quietschkäse

Ich bekam ihn bei Lilia in Ivalo täglich: *leipäjuusto*, übersetzt »Brotkäse«, weil er aussieht wie eine große, runde, ganz leicht »angebrannte« Brotscheibe, umgangssprachlich nennt man ihn aber »Quietschkäse«, weil er tatsächlich quietscht, wenn man ihn isst. Normalerweise wird er aus dem »Kolostrum«, der ersten Milch der Kuh nach dem Kalben, gemacht, aber so oft kann in Finnland nicht gekalbt werden, um die riesigen Mengen zu produzieren, die die Finnen davon verspeisen. Sie lieben ihn! In der Fertigung kann er gebacken werden oder gegrillt, sogar flambiert, und bekommt so die fast angebrannt wirkende Oberfläche. Viele essen ihn gern mit *lakka*, Moltebeeren, oder anderen Beeren, und das ist wirklich extrem lecker. Andere schneiden ihn in kleine Stücke und geben ihn in den Kaffee, gießen Kaffee drüber oder tunken die Stücke ein. Oder man tut ihn auf, in und an Salate. Er ist ein wirkliches Muss für jeden, der die finnische Küche kennenlernen will.

~~∧ Aus meinem Reisetagebuch VII ∧~~

Im Bauch von Helsinki

Ich war unterwegs mit einem Volvo V70, wie sich das für eine Reise in den Norden Europas gehört. Ich hatte einen Fahrradträger dabei mit meinem mintfarbenen Damenrad darauf. Alt, aber todschick.

Jede Reise braucht Regeln, so auch meine finnische Wallfahrt. Nach einigen Tagen Eingewöhnen an vertrauten Orten wie Tampere und Lahti wollte ich meine Umrundung beginnen. Von Helsinki nach

Helsinki. Einmal im Uhrzeigersinn. Morgen früh sollte es losgehen. Deswegen musste ich in Helsinki übernachten. Aber wo sollte ich mein Auto mit dem daraufgeschnallten Fahrrad parken? Am Hotel war kein Platz mehr. Ich fuhr in die Tiefgarage Forum. Aber was heißt da Tiefgarage?

Wer nach Helsinki kommt, sollte nicht mit dem Auto anreisen. Helsinki ist auf Granit gebaut, und was nicht auf dem Felsen steht, wurde in den Granit geschlagen. Auch die Tiefgarage. Nach der Einfahrt in die untere Etage stellte ich fest, dass ganz Helsinki unterkellert war – die wohl größte Tiefgarage der Welt. Ich fühlte mich wie in der Höhle des Minotaurus. Nur hatte ich vergessen, bei der Einfahrt den Ariadnefaden abzuwickeln. Ein labyrinthisches System, ausgeschildert in einer Sprache, die zwar unsere Buchstaben benutzt, aber mehr dem Chinesischen ähnelt.

Erst nach Stunden fand ich wieder aus der Tiefgarage heraus. Zuerst war ich zu Fuß unter Tage herumgeeilt. Dann war ich zum Auto zurückgegangen und hatte mein Fahrrad genommen. Nach weiteren zwei Stunden stieß ich auf einen Fahrstuhl. Ich nahm mein Fahrrad mit hinein. Die Fahrstuhltür war außen beschriftet. Ich drückte auf ein Pfeilsymbol Richtung nach oben. Was am Fahrstuhl gestanden hatte, wurde mir Sekunden später klar, als sich die Fahrstuhltür wieder öffnete. Dieser Fahrstuhl, da hatte ich das Finnische grad nicht verstanden, hielt nicht im Erdgeschoss und auch nicht in der ersten Etage, sondern fuhr direkt bis in den 2. Stock eines darüberliegenden Kaufhauses.

Ich landete mit meinem mintfarbenen Damenrad in der Herrenabteilung. Die Mitarbeiter nickten mir unmerklich zu. Ich grüßte zurück. Was tun? Umkehren war keine Option. Also schob ich mein Fahrrad zur Rolltreppe. Sicherlich war ich der erste Deutsche mit einem mintfarbenen Damenfahrrad auf einer abwärtsführenden Rolltreppe in Helsinki. Die Finnen um mich herum taten so, als sei das normal. Ich auch.

Am nächsten Morgen fuhr und rolltreppte ich den gleichen Weg zurück. Sicher ist sicher, dachte ich. Durch die Herrenabteilung. Vorher die Rolltreppe aufwärts. Mit dem Fahrrad. Ich wurde von den Angestellten gegrüßt, als würde ich dazugehören. Ich grüßte zurück und schob mein Fahrrad zum Fahrstuhl. Dann fand ich in den Katakomben mein Auto nicht wieder. Als ich es nach dreieinhalb Stunden entdeckte, fand ich mit dem Auto die Ausfahrt nicht.

Meine Abfahrt zur Rundfahrt verzögerte sich in den Parkhöhlen von Helsinki um zweieinhalb Tage. Dauerparker grüßten mich ab Tag zwei als alten Bekannten. Die Ersten begannen, mir Nahrung mitzubringen. Die zweite Nacht ging über in eine lange Party an meiner offenen Kofferraumklappe. Wir tanzten zu meiner ABBA-CD. Kurzzeitig zog eine Finnin mit Liege zu mir.

Sobald ich unter Tage anderen finnischen Autofahrern zum Ausgang folgen wollte, schüttelten sie mich ab. Es war zum Verzweifeln. Dann bemerkte ich die Eimer mit Wasser und Wischer, zum Scheibenwaschen. Plötzlich hatte ich die rettende Idee, eine Mischung aus »Hänsel und Gretel« und Ariadne-Faden. Ich nahm den Eimer, stoppte das nächste Auto, das herausfahren wollte und putzte ihm die Scheiben. Der Finne bedankte sich und gab mir einen Euro. Als er wieder losfuhr, übergoss ich im letzten Moment seine Heckklappe mit dem restlichen Eimerinhalt, startete blitzschnell meinen Motor und folgte den Tropfen hinaus aus dem unterirdischen Labyrinth! So konnte meine Reise dann endgültig beginnen. Ympäri Suomen! Rund um Finnland!

Die finnischen Nationalsymbole	
Nationalblume	Maiglöckchen
Nationaltier	Bär
Nationalbaum	Birke
Nationalvogel	Singschwan
Nationalfisch	Barsch
Nationalinsekt	Marienkäfer

Welche ist die berühmteste finnische Blume?

Die berühmteste finnische Blume hat den klingenden lateinischen Namen »Chamerion angustifolium«. Das Land ist überflutet von ihr. Auf finnisch: *maitohorsma*. Wörtlich übersetzt: »Milchweidenröschen«, denn in der Landwirtschaft nimmt man die Pflanze, um die Milchproduktion zu erhöhen. Auf Deutsch: das »Schmalblättrige Weidenröschen«. Finnisch umgangssprachlich *rentun ruusu*. Mir wurde sie vorgestellt als »Drinker's Rose«, des Trinkers Rose.

Warum *rentun ruusu*? Wenn der Finne trinken war und all sein Geld durchgebracht hat, wenn er aber der Frau, der Geliebten, der Freundin, sei es aus Überzeugung, aus Liebe oder um Verzeihung für den Vollrausch zu bitten, eine Blume mitbringen will, wenn das Geld für einen opulenten Strauß aber nicht mehr reicht, dann wird sie gepflückt, *rentun ruusu*, denn man entdeckt sie quasi überall. Handlich greifbar steht sie entlang des Heimwegs und wird, je nach Zustand des Finnen, gerupft oder mit dem allzeit bereiten Finnenmesser geschnitten und zu Hause dann, mal mit stolzer Miene, mal mit schlechtem Gewissen, überreicht – vom *renttu*, wörtlich übersetzt dem Gauner, Penner, Obdachlosen.

Eines der berühmtesten finnischen Lieder ist dieser Pflanze gewidmet, »*Rentun ruusu*« von Irwin Goodman, eigentlich Antti Yrjö Hammarberg (1943–1991).

Er starb jung, mit 47, an einem Herzinfarkt. Selbst Alkoholiker, thematisierte er immer wieder das Leben der Underdogs und Trinker. Das Album »*Rentun ruusu*« war auch Goodmans erfolgreichstes mit mehr als 125 000 verkauften Exemplaren. Seinen Namen setzte er zusammen aus Anleihen bei Benny Goodman und Irwin Berlin.

Auch ein Film über sein Leben trägt den Titel »*Rentun ruusu*« (englischer Titel: »The rose of the rascal«, »Die Rose der Schlawiner«). Martti Suosalo spielt Irwin Goodman. Für diese Darstellung bekam er 2002 den »Jussi«, den finnischen Filmpreis, als bester Schauspieler. »*Rentun ruusu*« war 2001 der erfolgreichste Film in den finnischen Kinos.

Welches ist der bekannteste finnische Baum?

Der wohl berühmteste finnische Baum wächst gar nicht in Finnland: Es ist die Nordmanntanne, der beliebteste Weihnachtsbaum. Aber ein Finne hat sie entdeckt. Alexander Davidovich von Nordmann, Zoologe, Arzt, Botaniker und Paläontologe. Ein faszinierender Mann mit mehreren Doktortiteln. Schon mit 29 Jahren veröffentlichte er als ersten Teil seiner Dissertation die Beschreibung von 70 Darmwürmern, die als Parasiten den Menschen und andere Wirbeltiere befallen. Später arbeitete er am Botanischen Garten in Odessa und gründete dort eine Hochschule für Gartenbau und eine Seidenraupenzucht.

Er entdeckte bzw. beschrieb erstmals etliche Pflanzenarten, untersuchte Tiere und Pflanzen auf dem Balkan, dem Kaukasus, in Südrussland und war in seinen späteren Jahren als Zoologe und Naturgeschichtler an der Universität Helsinki. 1835 entdeckte er im Kaukasus, im heutigen Georgien, die Nordmanntanne und beschrieb sie. 1842 wurde sie nach ihm benannt: Abies nordmanniana.

Schere, Bonk und Kreuzfahrtschiffe
Der technische Finne

Kein Bier vor Sonnenuntergang

Um genau 11 Uhr 47 fuhr ich aus der Tiefgarage Forum heraus. Mein Kilometerzähler zeigte 181 599. Jetzt ging's los! Mein erstes Ziel war Turku. Ich kürzte ab und fuhr nicht an der Küste entlang, um überhaupt endlich mal voranzukommen. Den Abschnitt hole ich nach, versprach ich mir. Auf dem Heimweg zur Fähre.

Turku. Heute Studentenstadt und lange Zeit die wichtigste Stadt Finnlands. 1640 wurde hier die erste finnische Universität gegründet. Turku war lange Hauptstadt, bis 1812 unter russischer Herrschaft beschlossen wurde, Helsinki zur Hauptstadt zu machen. Helsinki lag den Russen näher an St. Petersburg, obwohl die Stadt zum Zeitpunkt des Beschlusses nur knapp 3500 Einwohner hatte. Dazu ließ Russland Helsinki »repräsentativ« umbauen, von Carl Ludwig Engel, Sohn eines Berliner Maurermeisters. Wenn irgendein Haus in Finnland nicht im 20. Jahrhundert vom finnischen Universal-Genie Alvar Aalto gebaut wurde, dann stammt es aus dem 19. Jahrhundert von

Engel. Das gilt auch für Turku, das 1827 nach einem verheerenden Brand wieder neu aufgebaut werden musste.

Ich hatte in Turku seit meinem ersten Finnland-Besuch eine Stammkneipe. Es ist gut, in allen Städten eine Heimat zu haben. Ich machte einen kleinen Abstecher, erst ins Forum Marinum, ein Schifffahrtsmuseum, dann in die Kneipe. Die ist etwas groß geraten. Man verläuft sich beim Trinken. Eine ehemalige Schule, jetzt Restaurant und Kneipe mit eigener Privatbrauerei und Biergarten im Schulhof, ansonsten trinkt man in den Klassenzimmern. Der Name: *Panimoravintola Koulu*, »Brauerei-Restaurant Schule«. Das Bier hat entsprechende Namen, man trinkt z. B. *Ope* (»Pauker«, ein leichtes Lager) oder *Reksi* (»Rektorenbier«, ein Starkbier). Tagsüber allerdings trank ich Kaffee. Ich wollte ja noch weiter. Und mit der in Deutschland geltenden Regel »kein Bier vor Sonnenuntergang« kam ich hier in Finnland insgesamt nicht weit. Das würde jetzt bedeuten: Kein Bier vor September! Dann ungefähr würde sie wieder untergehen.

Turku war zwar schön, aber ich wollte endlich zum Bottnischen Meerbusen. Da ich erst rund 167 Kilometer von meinen voraussichtlich weit über 3000 geschafft hatte, reiste ich weiter. Ich musste zurück sein in Deutschland, bevor die Flüsse wieder zufroren, also etwa im August.

Nah am Wasser gebaut

Turku lag hinter mir. Ich fuhr möglichst nah am Wasser entlang. Links von mir blitzte ab und zu der Bottnische Meerbusen durch die Bäume. Die natürliche Außengrenze Finnlands. Außerhalb der Ortschaften sind 80 Stundenkilometer erlaubt, aber maximal 57 möglich. Hier im Süden gehört das Schlagloch zur Straße wie das Blitzgerät. Die Motorradfahrer vor mir mussten sich fühlen wie auf einem Slalom-Parcours. Ich schätze, ihre Wegstrecke verdreifachte sich.

Ich selber musste dreimal mein mintfarbenes Damenrad wieder einsammeln und neu auf dem Träger montieren. Aber unverdrossen ging es weiter, der nicht mehr untergehenden Sonne entgegen.

Bald schon, in wenigen Tagen, würde ich die schwedische Grenze erreichen. Vorher aber hatte ich ein Ziel. Eines der wichtigsten finnischen Museen, gelegen im beinah unaussprechlichen Uusikaupunki. Als Erstes musste ich dort üben, den Ortsnamen fehlerfrei auszusprechen. Ich brauchte 37 Minuten. Dann bekam ich eine Führung.

Wie funktioniert der »Sardellen-Öl-Automat«?

Wer ist der wichtigste Finne? Die Antwort findet man in Uusikaupunki, im wichtigsten Museum des Landes, im Bonk-Museum.

Das Bonk-Museum zeigt Gründerjahre, Firmengeschichte, Innovationen, Erfolge und Aktuelles der Bonk-Dynastie. Bonk Inc. ist mittlerweile weltweit führend in der Herstellung nutzloser Maschinen. Das Museum zeigt die unglaubliche und erfolgreiche Firmengeschichte. Und die ist komplett erstunken und erlogen. Vom finnischen Künstler Alvar Gullichsen und seinen Gefährten. Die größte Münchhauserei seit Thomas Manns »Bekenntnissen des Hochstaplers Felix Krull«. Aber sehr, sehr witzig. Mir wurde die Firmenhistorie bei der Führung im Museum mit ernsthaftestem Gesicht vorgetragen. Die dokumentarischen Fotos sind Fake und die Maschinen wahrhaft nutzlos, aber das alles zusammen ist hochkomisch. Typisch finnisch eben.

Alles fußt auf den ersten technischen Entwicklungen, die Firmengründer Pär Bonk fast sämtlich auf der Insel Helgoland nah bei Uusikaupunki gelungen sind. Pär Bonk, aus einer einfachen Fischerfamilie stammend, hat in seiner Gründungsrede 1893 gesagt: »Ich werde Maschinen bauen, die Menschen glücklich machen!«

Der Einstieg und Aufstieg begann mit dem »Anchovies Oil Applicator«, dem »Sardellen-Öl-Automat«. Anchovis, also Sardellen, waren damals zu nichts nutze, sie schmeckten schlecht und waren ölig. Und genau das brachte Pär auf die Idee. Er entwickelte den »Anchovies Oil Applicator« und ließ die Fische darin schwimmen und reproduzierte so erstens das römische Gewürz Garum. Die Maschine entzog den Fischen zweitens auch das Öl, als Nebenprodukt, und Pär gewann »Polar Oil«. Man konnte es u. a. als Radöl benutzen, und so wurde dieses »Polar Öl« *der* Schmierstoff in der aufkommenden finnischen und nordeuropäischen Industrialisierung für Tausende von Maschinen. Aber durch Zufall inhalierte Pär Teile des Garum als Dampf und bemerkte eine ganz andere, zusätzliche Wirkung. »Finnisches Opium«, flüsterte mir Joona zu, mein Museums-Guide. Pär expandierte, besonders nach Russland. Die Russen haben erst nur einzelne Räume, dann auch ganze Fabriken mit Garum bedampft und hatten so Tausende zufriedene Arbeiter. Es gab sogar einen russisch-orthodoxen Priester, der nicht länger Wein ausschenkte, sondern die Gemeinde beim Gottesdienst mit Garum bedampfte.

Die plötzlich immense Nachfrage nach Garum bedeutete aber auch eine baldige Rohstoffverknappung. Die Anchovis waren schnell überfischt. Pär hatte beim Anchovis-Fang außerdem große Konkurrenz durch Eiderenten, die sich von Anchovis ernähren. Daher erfand Pär die Eiderenten-Schreck-Maschine (auch sie ist im Museum zu besichtigen) mit einer Reichweite von 20 Kilometern. Im Außengelände des Museums befindet sich die »Große Eiderenten-Schreck-Maschine« mit 100 Kilometer Reichweite, erklärt Joona. Joona ist Bonk-Spezialist, ein wandelndes Lexikon.

Pär führte dann die »Peruvian Gigantic Anchovy« (Engraulis ringens giganteus, Peruanische Riesen-Sardelle) um Helgoland ein, elektrifizierte mit ihr Wasser, baute dafür erste Kraftwerke (»Anchovies Power Plant«, Sardellen-Kraftwerk) und versorgte so eine Zeitlang ganz Finnland mit Energie.

Der Platz reicht hier bei weitem nicht für die gesamte Firmengeschichte. Genannt sei noch Pärs große Erfindung, das Vierkant-Holz. Birken und andere Bäume, die direkt als Kantholz (»Cubewood«) wachsen, die also nur noch entrindet, aber nicht mehr beschnitten werden müssen. Eine andere komplexe Erfindung ist sein »Cowmover«, der Kuh-Umsetzer, mit dem man eine Kuh anheben und an anderer Stelle wieder absetzen kann. Komplett auf dem Prinzip der Cubewood-Hölzer aufgebaut, eine gigantische Maschine, die aber nur im Winter funktioniert, weil sich Räder aus Vierkanthölzern nicht drehen. Man muss bis zum Winter warten, da dann die Cubehölzer als Kufen fungieren. Im Winter müssen allerdings keine Kühe umgesetzt werden, da sie im Stall sind.

1908, bei einer großen Explosion, kam Pär Bonk ums Leben. Sein Cousin fand später bei einer aufwendigen Suchaktion nur noch seinen linken Schuh, der hier im Museums-Mausoleum zu besichtigen ist.

Bonks Sohn Pärre führte die Firma genauso weiter wie später Bonks Enkel, Barry Bonk, der vor allem in Amerika reüssierte, u. a. mit »Cosmic Therapy«, aber auch weiter mit nutzlosen Maschinen. Außerdem stieg er in die Filmindustrie ein (»Anchovis from outer space«, Regie Roger Corman, mit Jack Nicholson, das Original-Plakat ist ausgestellt). Vom Enkel stammen Maschinen wie der »Freakwave-transformer« und der »Gnagg Booster '45«, meist in enger Zusammenarbeit mit einem angeblich aus Deutschland stammenden »Professor« Hans Dröppeldorf entwickelt.

Das Besondere an der neuesten Generation von Bonk Maschinen ist, anders noch als die Eiderenten-Schreck-Maschine, dass all diese Maschinen keine Funktion haben. Es genügt, dass sie existieren. Sie müssen nicht funktionieren. Niemand muss lernen, sie zu bedienen. Keiner ist von ihrer Funktionsweise überfordert. Tausende Arbeiter in Bonks Firmen sind begeistert.

Ich besuchte abschließend das Bonk-Mausoleum und beschaute mir Pärs Schuh. Ein fast religiöser

Moment, der erst unterbrochen wurde, als das Museum schloss.

Das Bonk-Museum befindet sich im ehemaligen Umspannwerk von Uusikaupunki. Es hat im Außenbereich eine Kinderwerkstatt, in der selbst die Kleinsten schon üben können, nutzlose Maschinen herzustellen. Geöffnet ist es von Juni bis Ende August, Mindesteintritt 50 Euro, aber nicht in der Sommersaison. Das Museum ist im Winter geschlossen.

Findige Finnen

Die Finnen sind ein kluges Volk, wie jede PISA-Untersuchung beweist. Die Finnen haben diesen Hang zu überraschend praktischen Lösungen und sind da den meisten Ländern weit voraus.

Die *Supi*-Wäscheklammern sind ein finnisches Patent. Mit ihnen werden die Sockenpaare vor dem Waschen zusammengeklammert, und man muss sie nicht nach dem Waschen mühselig zusammensuchen.

Der finnische Rollator, *rollaattori*, sieht aus wie zwei zusammengeschweißte Tretroller. Zwischen diesen Rollern stapft also die Seniorin oder der Senior immer wieder hügelaufwärts, oben angekommen steigt sie oder er auf, stellt sich auf die Trittfläche, und dann geht es hinab, in rasender Fahrt. Mit wehenden Haaren. Senioren auf Speed. Die weißen Haare flattern im Wind.

Immer wieder sieht man Finnen mit einem Holzgriff hantieren, aus dem seitlich etwas Metall herausragt. Wie sich herausstellt eine Teleskopstange, ausziehbar also, mit zwei Zinken. Ein Grillwerkzeug. Eine Teleskop-Grillgabel, *telleskooppinen grillihaarukka*. Nach dem Grillen wird sie wieder zurückgeschoben und ist perfekt verstaut, alle Verletzungsgefahr ist eliminiert.

Die Finnen waren mit dem Unternehmen Nokia weltweit führend als Handyhersteller, aber auch schon Jahrzehnte früher mit Gummiwaren, mit Reifen und besonders auch mit Gummistiefeln.

Ein anderes Traditionsunternehmen ist Fiskars. Selbst wer den Namen noch nie gehört hat, hat garantiert schon einmal mit Produkten aus diesem Haus gearbeitet. Legendär sind die Scheren mit den orangenen Plastikgriffen, die sich, ergonomisch und breiter geformt als die aus reinem Stahl, leicht um die Finger legen und selbst bei häufigem, intensivem Gebrauch keine schmerzenden Druckstellen hinterlassen.

Dieses Orange ist bis heute Kern der Corporate Identity. Inzwischen steht Fiskars u.a. für hochklassiges Gartenwerkzeug, von der kleinen Schippe über alle Sorten Zangen bis hin zu schweren Äxten. Sie alle sind schwarz gefärbt und orange abgesetzt. Für die

Äxte hat der findige Finne eine Plastikschutzhülle für die Scheide erfunden, in die er sie einpacken und die er gleichzeitig als Tragegriff verwenden kann. Das ist so praktisch wie unfallverhütend, die Schneidefläche bleibt scharf und unbeschädigt, ebenso der Besitzer.

Die wohl großartigste Erfindung des Finnen ist der Geschirrabtropfschrank, und seine Erfinderin, Maiju Gebhard, landete bei der landesweiten Abstimmung über »Die großen Finnen« immerhin auf Platz 94. Über der Spüle hängt er, der *astiankuivauskaappi*, sieht von außen aus wie ein Geschirrschrank, hat innen aber ein Abtropfgestell. Hier stellt man das Geschirr nach dem Spülen zum Trocknen rein und holt es oft zum Benutzen direkt wieder heraus. Jeder Reisende, der dieses »Zauberschränkchen« öffnet, fragt sich, warum andere Nationen und Kulturen und insbesondere seine eigene das nicht längst übernommen haben. Die Lobby der Geschirrtuchhersteller muss das verhindert haben. Der Autor Rasso Knoller muss hier erwähnt werden, der in seinem Länderporträt Finnland im Nachwort dem Abtropfschrank ein exzellent recherchiertes Denkmal setzt. Von der Vereinigung finnischer Erfinder, schreibt er, sei der Abtropfschrank zur wichtigsten finnischen Erfindung des 20. Jahrhunderts gewählt worden.

Aber nicht nur im Kleinen ist der Finne führend, auch im Schiffsbau. Die Finnen sind mit ihrer Lage zwischen dem Bottnischen Meerbusen als West- und der finnischen Bucht als Südküste stark durch Maritimes bestimmt, auch die Wirtschaft. Finnland ist vor allem bekannt für seine Eisbrecher und Kreuzfahrtschiffe. Es gibt große Werften in Helsinki, Turku und Rauma, Letztere sollte Juni 2014 geschlossen werden. Die STX Finland Cruise Oy hatte an diesen drei Orten zusammen etwa 3800 Mitarbeiter. Die Werft in Turku ist eine der größten Europas. In Rauma wurden Fährschiffe, kleinere Kreuzfahrtschiffe, Eisbrecher und Spezialschiffe, zum Beispiel Polar-Forschungsschiffe, gebaut. Helsinki baute bisher hauptsächlich Fähren, und in Turku ist man spezialisiert auf überwiegend riesige Kreuzfahrtschiffe.

Am 30. November 2009 fand in Fort Lauderdale die Schiffstaufe für das bis dahin größte Kreuzfahrtschiff der Welt statt. Die »Oasis of the Seas«, gebaut in Turku von der finnischen STX-Werft. Das Schiff ist 360 Meter lang, 60,5 Meter breit (Breite über alles) und hat einen Tiefgang von 9,30 Meter. Geplant für 2165 Besatzungsmitglieder und bis zu 6296 Passagiere. An Bord sind 2706 Kabinen in 30 Kategorien. Hier jagen sich die Superlative. Das größte Kreuzfahrtschiff der Welt ist natürlich auch das teuerste. Aber schon auf den Tag genau ein Jahr später, 2010, gab es einen neuen Rekord. Auch das Schwesterschiff »Allure oft the Seas« wurde in Turku gebaut, und es hieß vor der Überführung, wieder nach Fort Lauderdale, man habe noch mal nachgemessen und es sei einen halben Zentimeter länger.

Finnland belegt international Rang 11 unter den Schiffbaunationen, ist aber führend im Spezialbau, u. a. für Forschungsschiffe, und ca. 60 % der Eisbrecher weltweit stammen aus Suomi, aus Finnland.

Finnland baute auch für Russland die beiden MIR-Tauchboote – sie gelten als die besten der Welt – mit einer maximalen Tauchtiefe von 6000 Metern, die immer wieder für Forschungs- und auch Filmarbeiten eingesetzt werden, u. a. für James Camerons »Titanic«. Das Tiefseetauchboot-Mutterschiff, das auch als bestes der Welt gilt, bauten die Finnen gleich dazu. Weltweit gibt es nur drei weitere bemannte Tauchboote, die tiefer als 3000 Meter tauchen können. Angeblich wurde es den Finnen von den USA verboten, weitere Boote dieses Typs an Russland zu liefern, da man Spionagetätigkeiten mit ihnen befürchtet.

Spezialfahrzeuge waren schon immer Finnlands Stärke. Vom staatlichen Flugzeugbauer *Valtion lentokonetehdas* kaufte der deutsche Forscher Alfred Wegener für seine letzte Grönland-Expedition im Jahr 1930, auf der er verstarb, zwei Spezial-Propeller-Schneeschlitten, die er mit deutschen Flugzeugmotoren verstärkte.

Im Bergbau ist Finnland führend im Bereich des Biomining. Das Unternehmen Talvivaara forscht in

Minen in Sotkamo. Bakterien lösen dort wertvolle Metalle und seltene Erden aus Gestein, lösen verschiedene Metalle aus ein und derselben Lagerstätte, ein Verfahren, das die finnische Biochemikerin Marja Riekkola-Vanhanen entdeckte und maßgeblich entwickelte.

Das Unternehmen Valmet war ein staatseigener, ein gigantischer Konzern, inzwischen fusioniert zu Metso, ursprünglich gegründet, um die Kriegsreparationsforderungen der Sowjetunion zu bezahlen. Valmet produzierte Flugzeuge, Eisenbahnwaggons, Waffen, Flugzeuge, Traktoren und besaß Werften. Sie produzierten auch Autos, obwohl Finnland nie eine eigene Automarke besaß. Im Valmet-Werk in Uusikaupunki wurde von 1968 bis 1992 für Saab gefertigt, von 1997 bis 2011 produzierte man dort 228 000 Porsche Boxter und Porsche Cayman und seit 2013 die Mercedes A-Klasse.

〜〜 Aus meinem Reisetagebuch XI 〜〜

Pflastertreter

Ich fuhr bis Rauma. Am Abend sehr spät angekommen, hatte ich mir auf dem Zeltplatz ein *mökki* gemietet. Ich bekam Lust auf Sauna.

»Klar, morgen früh, ab sieben.«

»Was? Um sieben?«

»Bis vierzehn Uhr, immer im Wechsel, Männer, Frauen, gemischt.«

Sauna am Morgen – das ist hier normal, denn Sauna ist in Finnland kein Feierabendvergnügen wie bei uns, sondern Teil des täglichen Hygieneverhaltens. Wie Zähneputzen, und das macht man ja mindestens zweimal am Tag. Wenn es das Bruttosozialprodukt erlauben würde, würde der Finne locker zweimal am Tag in die Sauna gehen und mehr. Zu welcher Zeit, ist ihm dabei egal. Hauptsache, er schwitzt.

Der nächste Morgen. Raumas Altstadt ist eine von sieben finnischen Weltkulturerbestätten. Ein riesiges Areal wunderschöner Holzhäuser, ein Mischgebiet aus Wohnen und kleinen Shops. Alt. In schlechten Reiseführern nennt man so etwas »pittoresk«.

Unwillkürlich fragte ich mich nach den Dämmwerten, aber in puncto Raumtemperatur hat der Finne dem Deutschen schon immer was vorgemacht. Wenn einer weiß, was Kälte ist und wie man sie draußen lässt, dann ist das der Finne.

Genauso alt wie die Häuser ist das Straßenpflaster. Für Touristinnen in High Heels ist das, als würden sie einen Berg damit besteigen. Ich spazierte auf Clogs durch die Gassen. Die trage ich, seit ich vierzehn bin. Die High Heels der Ostwestfalen. Im Vergleich zu Manolo Blahniks ist deren Absatz zwar eher gebaut wie die Fundamente der Brooklyn Bridge, aber auf diesem Pflaster waren wir alle gleich.

Wo viel Licht ist, da ist auch Schatten. Und auch wenn vieles glänzt, ist trotzdem nicht alles Gold. Ein Schatten ist sicher die Atompolitik Finnlands.

Finnland liegt beim Pro-Kopf-Verbrauch von Strom weltweit auf dem beachtlichen 5. Platz, mit 14542 kWh, hinter (in aufsteigender Reihenfolge) Schweden, Kanada, Island und Norwegen auf Platz 1 mit unfassbaren 24914 kWh (die Zahlen stammen aus 2007). Hier scheint für Finnland erstens noch viel Einsparpotential zu liegen, und ein Land mit so viel Wind und Wasser sollte umweltfreundlichere Formen der Energiegewinnung finden können.

Überhaupt ist die überwiegend positive Einstellung zur Atomkraft überraschend, vor allem angesichts der Tatsache, dass Finnland, Schweden und Norwegen nach der Katastrophe in Tschernobyl vom 26. April 1986 aufgrund der Wetterlage von der Strahlung, von den radioaktiven Wolken am härtesten betroffen waren. In Schweden mussten 1986 nach der Katastrophe 27 000 geschlachtete Rentiere vergraben werden, insgesamt mehr als 73 000. Bis heute sind in diesen Ländern Nahrungsmittel belastet, ohne dass das zum täglichen Bewusstsein gehört, Rentier- und Wildfleisch, Moltebeeren, Pilze, Süßwasserfische. Fukushima ließ die Ängste von damals wieder aufleben, besonders bei den Rentierzüchtern. Aber in

Finnland sind die Nöte der Sámi weit entfernt von Helsinki.

Nun mag dieser eine im Bau befindliche Reaktor Finnlands lächerlich wirken angesichts von zehn in Russland und weiterer 31 dort geplanter. Die bisher genutzten vier finnischen Reaktoren sind allerdings alle zwischen 1977 und 1980 in Betrieb genommen worden, sind also z. T. schon mehr als 35 Jahre in Betrieb – und nach 30 Jahren gelten sie als sogenannte Hochrisikoreaktoren. Sie stehen an zwei Standorten, in Loviisa und Olkiluoto. 2012 lieferten sie etwa 30 % der Stromproduktion. Finnland plant, bis 2025 diese Zahl zu verdoppeln auf 60 % Atomstrom-Anteil am gesamten Energieaufkommen. Außerdem will Finnland Atomstrom verstärkt exportieren, vor allem auch nach Schweden, mit Unterseeleitungen durch den Bottnischen Meerbusen.

Dafür ist der Reaktor Nummer 5 in Bau, der erste Neubau eines AKW in der EU seit den 1980er Jahren, seit Tschernobyl. 2002 gingen die Grünen in Finnland noch aus der Regierung, nachdem das Parlament den fünften Reaktor als drittes Atomkraftwerk am Standort Olkiluoto beschlossen hatte. Diese Konsequenz hat man ihnen inzwischen abverhandelt. Überhaupt ist der Widerstand gegen Atomkraft in Finnland nicht gerade groß.

Dieser neue Reaktor ist finanziell und bautechnisch eine ähnliche, wenn nicht gar größere Katastrophe als der Berliner Flughafen. Die Baukosten haben sich schon mindestens verdreifacht, der für 2009 geplante Betrieb wird nicht vor 2016 möglich sein. Es hieß in Berichten, dieses Kraftwerk hätte ein in Beton gegossenes Comeback für die Kernenergie werden sollen, nun sei es mit über 8 Milliarden Euro die wohl teuerste Baustelle der Welt. Wieder ein finnischer Weltrekord also? Aber, so ein Verantwortlicher, der Bau lasse sich nicht mehr stoppen. Eines Tages werde hier Strom erzeugt werden, nur wann und zu welchem Preis, das wisse niemand.

Die Kostenexplosion verhinderte aber nicht das nächste AKW. Der Reaktor Nummer 6 für Finnland ist längst in Planung, der erste Bau eines Reaktors in Europa seit Fukushima. Es soll der weltweit erste Bau eines »EPR«-Druckwasserreaktors werden. Überraschend, nach dem Rückzug von EON, mit russischer Beteiligung, nachdem man gerade in Energiefragen immer von Russland hatte unabhängig bleiben wollen.

»*Die Sauna ist die Apotheke des armen Mannes.*«

(Finnisches Sprichwort)

Mumins, Angry Birds und Samu Haber
Berühmte Finnen

Der bekannteste Finne weltweit

Nun wurde es Zeit, endlich mal Meter zu machen. Ich fuhr vorbei an Pori, Vaasa, Pietarsaari, Kokkola und Oulu. Mein nächstes großes Ziel war Rovaniemi. Die Stadt am Polarkreis, der zum Touristenmagneten wurde.

Das von den Deutschen kriegszerstörte, niedergebrannte Rovaniemi wurde nach einem Entwurf des allgegenwärtigen Architekten und Designers Alvar Aalto wiederaufgebaut. In den ersten Jahren nach Kriegsende, so erzählte man mir, hat man in Lappland stumm mit Streichholzschachteln gewunken, wenn deutsche Fahrzeuge vorüberfuhren. Und lange hieß es in Lappland: »Gib einem Deutschen keine Streichhölzer.«

Kurios: Im Stadtentwurf von Aalto und seinem Team erkennt man im Straßennetz als Grundform den Kopf eines Rentiers wieder. Und: Hier ist der nördlichste McDonald's der Welt. In Rovaniemi fürchtet man daher die Expansion des Burgerbräters nach Russland, denn in einigen Jahren wird Murmansk den Titel »Stadt mit dem nördlichsten Schnell-restaurant« tragen.

Ich hatte noch ein Ziel. Ich wollte zum Weih-nachtsmann! Der wohnt in Rovaniemi, also dort ist einer seiner Wohnsitze. Er residiert hier, inmitten seiner Wichtel, den Weihnachts-*tonttus*. Und – ha! – er ist sogar zweimal da, er hat Sprechstunde im »Santa Village« und im »Santa Park«. Und zwar gleichzeitig!

Santa Village ist ein kleines Verkaufsdorf am Po-larkreis. Ein Touristenparadies mit Postamt, in dem man im Juli Karten an die Verwandtschaft aufgeben kann, die dann Weihnachten pünktlich ankommen. Allerdings ist der Polarkreis nicht statisch, sondern bewegt sich. Der Polarstrich für die Touristen in Santa Village ist nur aufgemalt. Geographisch ist der längst gewandert und viel weiter nördlich. Da sprin-gen also Japaner, Polen und Belgier über einen ganz falschen Strich. Der Polarkreis kommt zwar auch ir-gendwann wieder zurück, aber das dauert noch ein paar tausend Jahre.

Santa Park dagegen ist eine Art »Disney Land« un-ter Tage, ein Themenpark zum Weihnachtsmann, mit Eisprinzessin, Tanzshow und gepfeffertem Ein-tritt. Hier will jedes Kind der Welt, vor allem jedes finnische Kind einmal gewesen sein. Wenn man Kin-der hat, kommt man nicht dran vorbei. Ich hatte zwar keine Kinder, aber er war nun mal der Weih-nachtsmann, und ich hatte noch nie das Vergnügen.

Ich entschied mich für seine Sprechstunde im Santa Park.

Da saß er. Der wichtigste Finne aus Sicht der gesamten Menschheit: der *joulupukki*, der Weihnachtsmann. Er lebt auf dem Korvatunturi, dem Ohrenberg. Rovaniemi ist quasi sein Zweitwohnsitz. Hier in Santa Park residiert er in einer Berghöhle inmitten einer Unmenge von Helfern und guten Geistern, den Weihnachts-*tonttus*, den Weihnachtswichteln.

Alfina, ein Weihnachtswichtel, ein Tonttu mit ziemlich spitzer Nase und einer fast einem Meter hohen, roten Zipfelmütze, fragte, ob ich mit Santa sprechen wolle. Ja. Unbedingt!

Ich schaute in seine Stube. Draußen war Hitze, drinnen saß der *joulupukki* im Mantel und mit Bart. Muss der schwitzen!, dachte ich. Er saß ja quasi in seiner eigenen Sauna. Und dann sprach ich mit dem leibhaftigen Weihnachtsmann!

Weltfrieden – ein Gespräch mit dem
bekanntesten Finnen weltweit

Bernd: *Terve.*

Santa: *Terve.* (Er bot mir einen Platz neben sich an.)

B: Herr Santa, mein Name ist Bernd. Wie heißt du?

S: *Joulupukki.*

B: Und wie alt bist du?

S: Ungefähr 364 Jahre. Aber wie alt ich wirklich bin, weiß ich letztlich nicht so genau. Ich habe es vergessen.

B: Und du bist Finne?

S: Natürlich bin ich Finne. Ich komme vom Korvatunturi.

B: Du hast viel zu tun?

S: Ja, jedes Jahr wartet eine Menge Arbeit, aber der Weihnachtsabend ist die anstrengendste Zeit. Jetzt zum Beispiel ruhe ich mich aus und habe eine gute Zeit hier im Sommer. Ich mag es, die Kinder zu sehen, die herkommen und mich hier besuchen, sie machen mich sehr glücklich.

B: Wie wählst du jedes Jahr die Rentiere für den Schlitten aus?

S: Oh, dafür gibt es eine lange Tradition. Ich schaue immer, wer ist geeignet, und welches Rentier will wirklich mit dem Schlitten fliegen. Aber Rudolf ist immer noch einer meiner Favoriten. Kurz vor Weihnachten benutze ich ein bisschen Magie, und dann sehe ich schon, welches in Frage kommt. Aber Rudolf ist immer dabei!

B: Wie schaffst du es, so viele Kinder in einer Nacht zu besuchen?

S: Ja, das ist eine schwierige Frage. Ich brauche Weihnachten Magie, das ist das Wichtigste, aber ich benutze natürlich auch alle Zeitzonen, die wir auf unserem Planeten haben. Und ich fliege sehr schnell zu allen Orten! Und ich habe mein Buch über alle Schornsteine der Welt. Und mein wichtigster Trick ist, dass mich die Kinder so glücklich machen, und dadurch bin ich in dieser Nacht voller Energie!

B: Wie hast du alles gelernt, was ein Weihnachtsmann können muss?

S: Schau mal, ich bin ja schon als Weihnachtsmann geboren. Wenn du als Santa geboren wirst, brauchst du ein Herz für Kinder. Du musst bereit sein, alles mit ihnen zu teilen und für sie zu sorgen. Soweit ich mich erinnere, war ich immer so.

B: Wie ist das Leben des *joulupukki* im Sommer?

S: Ich gehe gern in die Wälder und wandere in der Tundra. Und ich gehe gern angeln. Und ich liebe die Tiere. Ich unterhalte mich gern mit ihnen und habe Spaß.

B: Noch eine Frage: Gehst du in die Sauna?

S: Natürlich! Ich mag die Sauna. Das mache ich sehr gerne. Oder wenn ich den Nordpol besucht habe, dann ist es sehr schön, danach in die Sauna zu gehen.

In mir stieg eine Frage auf: Gehst du nackt in die Sauna?

S: Mein Bart ist so lang, dass ich mit ihm eigentlich immer bekleidet bin.

Dann fragte er, ob er noch was tun könne für mich,

ob ich Wünsche hätte. Ich hatte. Ich wollte Weltfrieden und Abnehmen ohne Hungern. Er zog eine Augenbraue hoch, versprach aber, dass er mal schauen werde, was sich da machen ließe. Ich blieb skeptisch. Eine Busladung neuer Besucher drängte herein.

Ob sein Hase noch ein Foto als Andenken von uns machen solle, fragte er. »Klar!«

An der Wand gegenüber stand ein Stoffhase, daneben war ein Fotoapparat montiert. »Ich habe meinem Hasen-*tonttu* die Kamera geschenkt, und seitdem knipst er, was der Speicherchip hergibt«, sagte *joulupukki*, und lächelte vielsagend.

Die Abzüge oder Daten kosten zwischen 27 und 44 Euro. Ich fotografierte am Verkaufsstand lieber mein Foto vom großen Monitor ab. Das kostete nichts. Alfina, die mit mir zum Fotostand gegangen war, war erst sprachlos, grinste dann aber. Wenn ich an diese Wesen glauben würde, hätte ich mich vielleicht für den Abend verabreden können.

»Komm zu Papa!«

Der bekannteste »deutsche Finne« katapultierte sich Ende 2013 endgültig ins Bewusstsein und in die Herzen der Deutschen – Samu Haber, Kopf, Sänger, Frontmann und Songwriter der finnischen Band »Sunrise Avenue«.

Samu ist der Sohn einer finnischen Mutter und eines deutschen Vaters. Schon früh entdeckte er seine unbedingte Liebe zur Musik. Haber, großgewachsen, blond, mit ganz viel Charme, einem Spitzbuben-lächeln und großem Witz ausgestattet, eroberte die Deutschen nicht nur mit seiner schon sehr erfolgrei-chen Band, sondern mehr noch als Juror der Casting-Show »The Voice of Germany«.

Mit seinem speziellen »finnischen Deutsch« war Haber schnell nach Beginn der Herbststaffel 2013 der ungekrönte König unter den ohnehin sehr beliebten Coaches Nena, Max Herre und The BossHoss. Ge-rade mit den zwei Herren mit Cowboyhut von Boss-Hoss lieferte er sich witzige, ironische Wortgefechte und sagte finnisch-typisch: »Bossi Hossi sind gute Muschikanten.« Darauf zerbröselten beide fast mit konsterniertem Blick vor den Augen der Zuschauer. Es gab Szenen, in denen The BossHoss, Alec Völkel und Sascha Vollmer, angesichts des neuen Platz-hirschs beinah die Selbstironie flöten ging. Offiziell aber sagten sie: »Es ist Humor wie in der Fußballum-kleide, wir sind auf angenehme Art gemein zueinan-der.« Für die Show selbst wurden die Scharmützel zum Quotenerfolg. Die beiden Cowboys kündigten zum Ende der Staffel.

Parallel zur TV-Show promotete Samu Haber das vierte Album von »Sunrise Avenue« und konnte im Sog der Sendung sehr gute Platzierungen erreichen.

Haber selber saß plötzlich in vielen Talkshows und war Laudator bei Medien- und Musikpreisen. Rasant widerlegte er die Mär, der Finne sei schweigsam. Für »Voice of Germany« hatte er sich noch einmal zwei Wochen in Deutsch coachen lassen, das Ergebnis war im wahrsten Sinne zauberhaft. War er sehr gerührt, sagte er: »Das war so toll. Ich habe eine Hühnerhaut!« Wollte er zu Wort kommen, fragte er mit größtem Understatement und leichtem Vorwurf: »Darf der Finne auch mal was sagen?« Und körperliche Distanz, die man den Finnen ebenfalls nachsagt? Hier nicht: »Ich will so viel hug you!«

Direkt, ehrlich, warmherzig und überbordend begeisterungsfähig wie sonst nur Nena fläzte sich Haber im Jurorenstuhl und bot seinen Lieblingen in einer Mischung aus großem Bruder und väterlichem Freund an: »Komm zu Papa!«

Wieso bekam ein Finne eine Medaille vom Papst?

Elvis lebt – natürlich in Finnland.

Jukka Ammondt hatte eigentlich einen anständigen Beruf. Der promovierte Literaturdozent lehrte an der Universität in Jyväskylä. Sein großes Interesse aber gilt alten Sprachen und der Musik. Und so covert er Elvis-Titel – auf Latein!

Alles begann 1992 mit einer ersten Single, 1993

nahm Ammondt finnische Tangos auf, Titel der Tango-Legende Toivo Kärki, das alles noch auf Finnisch. Im gleichen Jahr aber erschien dann schon die erste CD in lateinischer Sprache: »Tango Triste Finnicum«. Die Übersetzungen fertigte Professor Teivas Oksala an.

Das finnische Außenministerium schickte die CD mit den Tangos an den Vatikan, und im folgenden Jahr zeichnete der Papst die beiden, Interpret und Übersetzer, mit einer Medaille aus, wegen ihrer Verdienste um die lateinische Sprache.

1995 folgte dann Ammondts erstes Elvis-Album »The Legend Lives Forever in Latin«. »Wooden heart« wurde zu »Cor lignum«, »Love Me Tender« zu »Tenere me ama«, »It's now or never« zu »Nunc hic aut nunquam«.

Die CD »Rocking in Latin« folgte 1997. »Shake, Rattle and roll« wurde zu »Quate, crepa, rota«, »Teddy Bear« zu »Ursus taddeus«.

2007 kam dann noch die Weihnachtsschnulze »If every day was like christmas« auf Latein: »Si omnis dies sit ut natalis«.

Ammondt wurde in Tampere geboren und wuchs in Kauttua auf. Er spielte Gitarre – Elvis war schon früh sein Idol – und sang bereits in den 1960ern in einer Band, verlor dann aber während des Studiums die Musik aus den Augen.

Erst mit über 50 Jahren fing der Rock-'n'-Roll-Fan

wieder an, selbst Musik zu machen. Die Zusammenarbeit mit Oksala war ein Zufall. Ammondt hatte bis dahin nur als Schüler Lateinunterricht gehabt und sich nie vorstellen können, dass diese tote Sprache und der lebendige Rock mal zusammenkommen würden, wie er auf seiner Internetseite schreibt. Bis Oksala, der bereits Lieder von Elvis ins Lateinische übersetzt hatte, den Kollegen Ammondt bat, für ein Treffen des »Clubs Lateinischer Linguisten« eine kleine Show zusammenzustellen … Als Dr. Ammondt, so sein Künstlername, war er dann jede freie Minute unterwegs, als Elvis-Interpret und mit Finnischen Tangos, trat in Konzerthallen und Clubs auf, war im Radio und im Fernsehen.

Viele, so sagt Ammondt, halten seine Arbeit für einen intellektuellen Witz, aber natürlich geht es ihm, dem Finnen, um weit mehr. Er hat eine Botschaft: »Lass nie nach, finde neue Wege, Grenzen zu durchbrechen, deine eigenen und die von anderen!«

Ammondt ging in den Semesterferien auf Tournee und brachte es so zu Auftritten in aller Welt, auch in Amerika, sogar in Memphis, dem heiligen Ort der Elvis-Fans.

Inzwischen hat Ammondt sein Repertoire ums Sumerische erweitert. Anlass war die Jahrtausendwende. Mit Simo Parpola, einem Professor für Assyrologie, erarbeitete er zur 47. Internationalen Tagung der Altorientalistik in Helsinki im Sommer 2001 drei

Titel in dieser nicht mehr gesprochenen ältesten bekannten Sprache der Welt. Er nahm »Drei Lieder in Sumerisch« auf, eine Übersetzung von »Blue Suede Shoes«, von Carl Perkins, Verse aus dem Gilgamesch, dem ersten Epos, und den wichtigsten finnischen Tango *Satumaa*, von Unto Mononen. Das erste Album auf Sumerisch – mit einem leicht ironischem Cover: Dr. Ammondts Kopf auf einer sumerischen Steinskulptur. Und doch lag auch dieser Arbeit eine tiefere, ernste Absicht zugrunde. »Ich hoffe, diese Aufnahmen in Sumerisch können uns, die Menschen des neuen Milleniums, an die Bedeutung dieser alten Kulturen erinnern, die die Basis sind für unser modernes Leben.«

Wen liebt jedes finnische Kind?

Mumin und seine Gefährten in allen Gefahren und Abenteuern: das Snorkfräulein, den Schnupferich, die kleine My und alle anderen. Und natürlich Muminmama und Muminpapa.

Zwei legendäre Kinderbücher erscheinen im gleichen Jahr, 1945: In Schweden das erste »Pippi Langstrumpf«-Buch von Astrid Lindgren und in Finnland zeitgleich das erste Mumin-Buch der Schriftstellerin und Zeichnerin Tove Jansson. Bis heute wächst jedes Kind in Finnland mit diesem Buch auf. Die Mumins sind inzwischen ein Klassiker nicht nur finnischer Kinderliteratur, auf einer Stufe mit Astrid Lindgren oder anderen Werken der Weltliteratur wie den Märchensammlungen der Brüder Grimm, den Hauff'-schen Märchen oder den Erzählungen von Hans Christian Andersen aus Dänemark. Tove Janssons Figuren und Geschichten haben Weltkarriere gemacht.

Mumin in anderen Ländern – eine Auswahl	
Muumipeikko – Finnisch	Il troll Mumin – Italienisch
Mumintroll – Schwedisch	Muminek – Polnisch, Tschechisch
Moomin – Englisch	Moumine le Troll – Französisch
Der Mumintroll – Deutsch	Mumintrolo – Esperanto
Mumintroll – Russisch, Spanisch	Mumintrolek – Slowakisch

Was ist das Besondere an den Mumins? Tove Jansson entwirft in ihren Büchern eine tolerante Multikulti-Gesellschaft als Ideal, mit der sie ihrer Zeit weit voraus war. Es sind im Grunde Erziehungsromane und nicht nur für Kinder gedacht, sondern durch die zahlreichen philosophischen und sozialkritischen Aspekte durchaus auch für Erwachsene.

Die erste Geschichte, »Mumins lange Reise«, entstand unter dem Eindruck des kriegszerstörten Europa. Muminmama ist mit Mumin unterwegs, sie suchen einen »warmen, gemütlichen Platz«, sie wollen »ein Haus bauen, in das man sich verkriechen konnte, bevor der Winter kam«. Gleichzeitig sind sie auf der Suche nach Muminvater. Ein Buch, entstanden am Abend der größten europäischen Kriegs-katastrophe, das man auch als Parabel lesen kann, als Kriegsallegorie. Tove Jansson gelingt es, mit ihrer wunderbaren, phantastischen Welt voller leuchtender Wesen, die trotzdem nicht ohne Angst und Bedrohung sind, ein ganzes Land nach Jahren größter Opfer und Schmerzen zu trösten.

Jansson, die ihre Bücher alle selbst illustrierte, setzte die Reihe der Mumin-Romane in loser Folge bis 1970 fort. Daneben verfasste sie ab 1954 auch Mumin-Comics als klassische Drei-Bilder-Comic-Strips, in denen sie keine abgeschlossenen, sondern über Wochen und Monate fortlaufende Geschichten erzählt.

Die Mumins auf Deutsch, Finnisch, Englisch und Schwedisch

Muminmama, *Muumimamma*, Moominmamma, Muminmamman
Muminpapa, *Muumipappa*, Moominpappa, Muminpappan
Snorkfräulein, *Niiskuneiti*, Snork Maiden, Snorkfröken
Snork, *Niisku*, Snork, Snorken
das Schnüferl, *Nipsu*, Sniff, Sniff
die kleine My/Klein Mü, *Pikku Myy*, Little My, Lilla My
die Mymla, *Mymmeli*, The Mymble, Mymlan
der Schnupferich, *Nuuskamuikkunen*, Snufkin, Snusmumriken
die Filifjonka, *Vilijonkka*, Fillyjonk, Filifjonkan
der Hemul, *Hemuli*, Hemul, Hemulen
Hatifnatten, *Hattivatti*, Hattifattener, Hattifnattar
der Bisam, *Piisamirotta*, The Muskrat, Bisamråttan
die Morra, *Mörkö*, Groke, Mårran

Finnland hat 2014 intensiv an Tove Jansson erinnert, zu ihrem hundertsten Geburtstag. 1914 geboren, starb sie 2001 kurz vor ihrem 87. Geburtstag in Helsinki. Sie stammte aus einer Künstlerfamilie, beschrieben in ihrem autobiographischen Buch »Die Tochter des Bildhauers«, studierte Malerei in Stockholm, Helsinki und Paris. Kurz nach Erscheinen ihres ersten Mumin-Buches wird ihr klar, dass sie sich zu Frauen hingezogen fühlt. Doch Homosexualität ist zu jener Zeit ein absolutes Tabu in Finnland und strafbar, und sie musste ihre Liebe, ihre Sehnsucht, ihre Lebensform geheim halten. Ihre erste große Liebe, Vivica, war zudem verheiratet, die beiden Frauen trennten sich wieder, blieben aber lebenslange Freunde.

Toves Liebe zu Vivica fand eine künstlerische Entsprechung in den Figuren Tofslan und Vifslan, die schwedischen Namen stehen für Tove und Vivica. In »Die Mumins – Eine drollige Gesellschaft« sind sie unzertrennliche Freundinnen, die sich in einer seltsamen Sprache unterhalten, die nur die zwei beherrschen.

Erst 1955 fand Tove Jansson in der Graphikerin Tuulikki Pietilä die erhoffte Lebenspartnerin. Sie blieben mehr als 45 Jahre ein Paar, bis zu Tove Janssons Tod 2001.

Im Mumin-Museum in Tampere sind Tove Janssons Originalzeichnungen und Illustrationen zu den Büchern zu sehen, Zeugnisse hoher Zeichenkunst, in unterschiedlichen Techniken ausgeführt. Dazu gibt es dreidimensionale Modelle, die Tuulikki Pietilä nach den Zeichnungen und Geschichten Toves schuf. Zentral steht in der Ausstellung ein zwei Meter hohes Mumin-Haus mit mehreren Stockwerken, eine dreidimensionale Interpretation der Mumin-Zeichnungen, erbaut von Pentti Eistola, Tuulikki und anderen. Es entstand in Janssons *mökki* auf der winzigen Insel Klovharu und musste nach seiner Fertigstellung ganz vorsichtig mit einem kleinen Boot zum Festland gebracht werden. Eigentlich eine schöne Idee für eine jährliche Mumin-Prozession.

Heute sind die Mumins allgegenwärtig, es gibt sie als Tassen und Teller, auf Bettwäsche, Stiften, Heften. Sie gehören mit zu den erfolgreichsten Werbeträgern und Botschaftern Finnlands, sogar auf Flugzeugen der Finnair waren sie zu sehen, und natürlich erscheinen immer wieder Briefmarken mit Mumin-Motiven. Mit den Tassen hat sich eine regelrechte Sammlerkultur entwickelt.

⌒∿ Aus meinem Reisetagebuch XIII ∿⌒

Woraus trinkt der Finne am liebsten?

Peter lebt in Rovaniemi, zusammen mit seinem Hund Wilma. Er ist Deutscher und schon seit 18 Jahren hier in Finnland. In der Nacht zuvor waren wir mit Freunden in seinem alten, kleinen Fischerboot aus Holz um Mitternacht zum Polarkreis getuckert. »Schwer und langsam und nach Teer und Diesel stinkend«, sagte Peter über sein Boot. Ich besuchte ihn am nächsten Morgen, wollte mich noch einmal für die Fahrt bedanken und kurz verabschieden. Er bot mir Kaffee an. Er mahlte ihn von Hand. Dann öffnete er den Schrank, um Geschirr herauszuholen. Der Schrank war komplett gefüllt mit Mumin-Kaffeetassen. Auf den Tassen fanden sich alle nur denkbaren Motive aus den Geschichten, gezeichnet von Tove Jansson.

Ich fragte: Die Mumins sind Nationalheiligtümer, oder?

Peter: Ja, absolut. Die Kinder sind verrückt nach Mumin. Es gibt ja auch ein Muminland hier, bei Naantali, ein Freizeitpark, wo eigentlich jedes kleine Kind hin möchte und wahrscheinlich auch jedes kleine Kind in Finnland einmal hinfährt. Ganz beliebt bei Touristen, aber auch hier im Land, sind die Kaffeetassen. Von Arabia. Ich hab den Schrank schon halb voll. Die werden jeweils nur für eine begrenzte Zeit aufgelegt und dann gibt es sie nicht mehr, und daher sind sie ein ganz begehrtes Sammelgut. Neulich hab ich in der Tageszeitung eine Auflistung gesehen, welche Preise für die Tassen hier in Finnland gezahlt werden. Und war entsetzt und etwas besorgt. Es hat mir fast den Spaß am Benutzen meiner Tassen verdorben (lacht), weil echt satte Preise gezahlt werden, zwischen 50 und 500 Euro. Für exklusive Tassen aus den 1960er Jahren wird richtig viel Geld bezahlt. Beispielsweise hier die Milleniums-Tasse aus dem Jahr 2000, die kann ich problemlos für 70 Euro im Internet weiterverkaufen. (Er wühlt im Schrank und zeigt für den Rest des Gesprächs ständig neue Tassen mit neuen Aufdrucken, fast vergisst er den Kaffee.)

Bernd: Also trinkst du den Kaffee aus regelrecht königlichen Tassen?

Peter: Ja, absolut. Ich sammle schon seit 1995 immer mal ab und zu und hab schon einige alte Exemplare dabei, die wirklich gut im Wert gestiegen sind. Es ist 'ne gute Geldanlage.

Bernd: Was sind deine Lieblingsfiguren oder -tassen?

Peter: Muminpapa find ich schön. Der hat so einen schwarzen Zylinder auf. Das ist 'ne schwarze Tasse, ausgezeichnet zum Kaffeetrinken geeignet. Dann Mumin selber. Meine Lieblingsfigur ist das Monster, Mörkö (die Morra), das Schrecken und Angst verbreitet im Land. Das ist meine liebste Figur. Dann gibts noch Stinky. Die kleine My. Die hab ich nicht. (sucht) Die werd ich mir aber noch zulegen. Ist auch nur eine kleine Auswahl hier. Ich hab auch noch ein paar Tassen bei mir am *mökki*. Hier ist auch noch eine Special Edition von Turku als Kulturstadt Europas. Die Special Editions steigen natürlich im Wert weitaus mehr, aber das ist mir relativ egal. Deswegen kaufe ich die nicht, ich finde die schön. Ich benutze die wirklich zum Kaffeetrinken, zum alltäglichen Gebrauch. Werden leider immer mehr. (Er lacht und gießt Kaffee ein.)

Was sind die bekanntesten finnischen Vögel?

Die Mumins sind wahrscheinlich Finnlands wichtigster Kulturexport im Bereich Kinder-, Jugend- und auch Erwachsenenkultur – gewesen, muss man nun sagen. Die Angry Birds sind legitime Nachfolger, wenn auch in ganz neuen Maßstäben und in einem neuen Medium: in Smartphones, auf Tablets, im Internet, aber genauso generationenübergreifend. Und was die Verbreitung betrifft, schon jetzt weit erfolgreicher.

Die Angry Birds, »die zornigen Vögel«, sind ein Videospiel. Eine unfassbare Erfolgsgeschichte, zum Welthit geworden innerhalb kürzester Zeit. Auch sie sind ein Beispiel für erfolgreiches finnisches Design. Im Dezember 2009 kam das Spiel in der iPhone-Version in den Handel, entwickelt von der Spielefirma Rovio. Dann führte es 300 Tage lang die Hitliste der Apps an. Schnell wurde es auch für andere Plattformen und Betriebssysteme weiterentwickelt.

Insgesamt wurden die verschiedenen »Angry Birds«-Versionen unfassbare zwei Milliarden Mal heruntergeladen. Noch nie gab es so viele Finnen in der Welt!

Worum geht es? Die Idee ist denkbar einfach: Zornige Vögel verteidigen ihre Eier gegen ihre Gegner, die Schweine. Für Menschen ohne Computer, ohne Smartphone oder Tablets – und die gibt es ja auch noch: Es handelt sich hier um Spiele, die aussehen wie kleine Zeichentrickfilme. Die Spieler steuern die Spielfiguren, die unterschiedliche Fähigkeiten haben. Es gibt unterschiedliche Schwierigkeitsgrade, sogenannte »Level«, die man der Reihe nach bewältigen muss.

Bei den Angry Birds sind die Vögel die Guten, die Schweine die Bösen. Die grünen Schweine sind hinter den Eiern her, die farbenprächtigen Vögel wollen das verhindern und verteidigen sie. Die Spieler schießen nun die Vögel mit einer gigantischen Zwille auf die Schweine und deren Verstecke. Für Treffer gibt es Punkte.

Die Schweine haben verschiedene Materialien als Schutz zur Verfügung, die von den Vögeln zerstört werden müssen. Holz, Stahl oder Eis verlangen dabei jeweils unterschiedliche Kräfte, und so besitzen die Vögel verschiedene Fähigkeiten. Wenn der Spieler versagt und nicht trifft, muss er sich von der Schweinehorde auslachen beziehungsweise »ausgrunzen« lassen. Wer lässt das schon gerne auf sich sitzen! Aber die nächste Chance kommt schon im nächsten Spiel.

Heute kann man den Vögeln nicht mehr entkommen. Sie haben einen Siegeszug um die Erde angetreten, wie ihn die Evolution vergleichbar nur den Insekten beschert hat. Die ganze Idee begann mit einer Vogelzeichnung des Erfinders Jaakko Iisalo. Er hatte lediglich dieses runde Wesen gezeichnet, eigentlich nur das Piktogramm eines Vogels, ohne Beine, aber mit mächtigen Augenbrauen und einem Schnabel bewaffnet, die es ihm ermöglichen, die verschiedensten Emotionen auszudrücken. Er wurde »Red«, der erste Vogel.

Für das Spiel selbst hatte Iisalo zu diesem Zeitpunkt noch gar keine Idee. Ein Spielekritiker vermutete, es sei durch das finnische *mölkky*-Spiel inspiriert worden. Dabei muss der Spieler mit einem Wurfholz zum Teil über andere Hölzer hinweg ein bestimmtes Holz mit einer bestimmten Punktzahl exakt treffen. Die Angry Birds seien nur etwas modifiziert und dadurch typisch finnisch.

Natürlich entstand im Sog dieses Spiels eine gigantische Marketingmaschinerie. Heute gibt es kaum einen kleinen Finnen ohne »Angry Bird«-Kuscheltier. Wenn die Vögel auf einer Flasche mit einem Erfrischungsgetränk abgedruckt sind, verkauft sich das besser als Cola oder Pepsi. Das Markengesicht ist »Red«. Sein Kopf und und seine rote Farbe sind Werbeträger auf T-Shirts, Taschen, Rucksäcken, Mützen, Kalendern, Sneakers, Stiften, Flip-Flops, Anoraks,

Wasserflaschen, Fruchtgummis – es gibt nichts, was es nicht damit gibt! Es gab sogar Kooperationen mit anderen Stars: Der finnische Formel-1-Pilot Heikki Kovalainen fuhr 2012 beim Rennen in Melbourne in Australien mit einem »Angry Bird«-Helm. Ein »flying Finn«.

Der Höhenflug dieser Vögel setzte sich auch als Brettspiel durch. Es gibt verschiedene Varianten, sogar eine an »Mensch ärgere dich nicht« angelehnte. Normalerweise werden erfolgreiche, beliebte Brettspiele als Vorlagen für Computer- oder Videospiele genommen, hier wurde umgekehrt aus dem zweidimensionalen Spiel an Bildschirmen ein dreidimensionales Spiel für den Küchentisch entwickelt. Sogar eine Variante für draußen wird angeboten, »Angry Birds Outdoor Action«, das endgültig an das finnische *mölkky* erinnert. Und in diesen Formen wird das sonst am Bildschirm allein gespielte »Game« zum wirklichen Familienspiel.

Im Bildband »Angry Birds – hatching a universe«, einem opulenten Making-of, ist dem Autor Danny Graydon allerdings ein schwerer Fehler unterlaufen, ausgerechnet bei seinem Hauptdarsteller. Er behauptet nämlich, »Red« würde auf dem »desert cardinal«, Cardinalis sinuatus, dem Schmalschnabelkardinal basieren. Doch das stimmt nicht. Dieser hat ein graues Gefieder mit lediglich ein paar roten Akzenten. »Red« ist eindeutig ein Cardinalis cardinalis, ein Rotkardinal. Der hat eine komplette Rotfärbung und einen schwarzen Kranz rund um den Schnabel, der über den Augen wirkt wie schwarze Augenbrauen – ein wahrer Angry Bird!

Wer ist der berühmteste finnische Ausländer?

Aku Ankka, der finnische Donald Duck. Ein Finne aus Amerika. Obwohl gebürtiger Amerikaner, ist Walt Disneys Donald eine Ikone finnischer Popkultur geworden, vielleicht sogar der wahre König von Finnland.

Erstmals erschien die Comic-Reihe 1951 unter dem finnischen Titel *Aku Ankka*, als Weihnachtsausgabe in einer Auflage von 34 017 Exemplaren. Mittlerweile ist diese Ausgabe ein Sammlerstück, das mehrere tausend Euro wert ist. Auf dem Titel tragen Micky, Donald und Goofy strahlend und lachend den winkenden Weihnachtsmann, den *joulupukki*.

Anfangs erschien *Aku Ankka* monatlich, ab 1956 zweiwöchentlich und seit 1961 gibt es jede Woche neuen Lesestoff für die riesige Fangemeinde. Walt Disneys Ente ist in Finnland weitaus populärer als in Amerika. Bei einer Auflage von mittlerweile 320 000 Exemplaren geht man von einer millionenfachen Leserschaft aus. Die Auflagenzahl macht *Aku Ankka* zum populärsten Wochenmagazin, und Finnland hat weltweit die höchste Pro-Kopf-Verkaufsrate von Donald-Duck-Heften. Man kann sogar sagen, dass *Aku Ankka* ein Stück weit zur nationalen finnischen Identität gehört. 90 % der finnischen Hefte werden über Abonnements abgesetzt. Es ist in Finnland nämlich durchaus üblich, seinen Kindern ein *Aku-Ankka*-Abo zu schenken, oft schon direkt zur Geburt, damit Vater und Mutter auch etwas davon haben!

Jede Finnin, jeder Finne, den man darauf anspricht, hat ihre, hat seine eigene Geschichte mit »Donald«. Und es ist wirklich vor allem »Donald«, der in Finnland so beliebt ist. Kari Korhonen, als Kind Fan, dann selber Zeichner und Autor, sagt dazu: »Die Finnen haben sich schon immer auf die Seite der Underdogs geschlagen. Während Micky, der strahlende Held, sich vielleicht in den USA und Deutschland größerer Beliebtheit erfreut, mag ihn in Finnland niemand so wirklich. Donald rappelt sich nach allen Tiefschlägen immer wieder auf. Bei uns gibt es dafür ein Wort: *sisu*, was frei übersetzt ›verbissene Energie‹ oder ›Ausdauer‹ bedeutet.«

Die Popularität von Donald geht so weit, dass in Finnland Protestwähler oft »Donald Duck« als Kandidaten auf den Wahllisten eintragen und ankreuzen.

Ähnlich wie in Deutschland die legendäre Übersetzerin Erika Fuchs großen Einfluss auf die Alltagssprache hatte und die Donald-Duck-Hefte mit ihrer teils plakativen Sprache zu einem Phänomen der Popkultur machte – ihr zu Ehren spricht man sogar von »Erikativen« –, verhielt es sich mit den Übersetzern in Finnland. 2001, im fünfzigsten Jahr seines Erscheinens, bekamen *Aku Ankka* und sein Übersetzerteam den Kielihelmi-Preis für den innovativen Gebrauch der finnischen Sprache, ihre Bildhaftigkeit. Das Institut für Finnische Sprache und Literatur der Universität Helsinki vergibt diesen Preis seit 1999. Sie wollen damit fördern und fordern, die finnische Sprache mutiger und lebendiger anzuwenden und fortzuentwickeln. In der Begründung hieß es, man wolle die wertvolle Arbeit hervorheben, die das *Aku-Ankka*-Team seit 50 Jahren leiste. Sie hätten damit zur Entwicklung des finnischen Sprachgefühls beigetragen. Die Sprache in *Aku Ankka* sei vorbildlich kreativ und persönlich, sie nutze das gesamte Repertoire an sprachlichen Ausdrücken. Es handele sich dabei nicht bloß um Übersetzungen ins Finnische, sondern viele Geschichten würden auf Finnisch geschrieben, und die finnische Gesellschaft sei darin integriert.

Zum fünfzigjährigen Jubiläum gab die finnische Post eine Sondermarke heraus.

Ein moderner Mythos, den man immer wieder liest, lautet, die Donald-Duck-Hefte wären in Finnland eine Zeitlang verboten gewesen, weil Donald keine Hosen trage. Der Stadtverordnete von Helsinki, Markku Holopainen, hatte 1977 in der Tat gefordert, keine öffentlichen Gelder mehr zum Ankauf von *Aku-Ankka*-Heften für Jugendzentren zu verwenden, ein Sparvorschlag wegen der angespannten Haushaltslage Helsinkis. Begründet hatte er das scherzhaft damit, dass *Aku Ankka* nie Hosen tragen würde und er seit über 40 Jahren unverheiratet mit Daisy zusammenlebe. »Helsingin Sanomat« berichtete darüber, ausländische Medien nahmen es auf, im dänischen »Aftenposten« hieß es dann schon, Donald Duck sei in finnischen Jugendclubs verboten worden. Im nächsten Jahr folgte eine neue Ratswahl in Helsinki, und seine Gegner bezeichneten Markku Holopainen nun als den Mann, der Donald Duck aus Helsinki verbannt habe – und natürlich verlor Holopainen die Wahl.

Das sind die wichtigsten Akteure mit ihren finnischen Namen:

Aku Ankka – Donald Duck	*Tupu, Hupu ja Lupu* – Tick, Trick
Iines Ankka – Daisy Duck	und Track
Roope Ankka – Dagobert Duck	*Sudenpennut* – Fähnlein Fiesel-
Roope-setä – Onkel Dagobert	schweif
Hessu Hopo – Goofy	*Pikku Apulainen* – Helferlein
Milla Magia – Gundel Gaukeley	*Iso Paha Susi* – Ede Wolf
Hannu Hanhi – Gustav Gans	*Mikki Hiiri* – Micky Maus
Hansu Hanhi – Franz Gans	*Matami Mimmi* – Minni Maus
Ankkalinna – Entenhausen	*Pluto* – Pluto
Karhukopla – die Panzerknacker	*Musta Pekka* – Kater Karlo
Pelle Peloton – Daniel Düsentrieb	

Wie kam die Ente nach Finnland?

Ein Deutscher ist schuld. Robert S. Hartmann, später Wissenschaftler, Logiker und Philosoph, Begründer der »Formalen Axiologie«, der »mathematisch exakten Wertewissenschaft«. 1933 floh er aus Deutschland und ging über Frankreich nach London. Hier lernte er einen Repräsentanten von Disney kennen und bekam den Auftrag, Disneys Arbeiten, zuerst Postkarten, in Skandinavien einzuführen. Er reiste nach Schweden und produzierte dort die Postkarten. Dann regte er an, aus der englischsprachigen wöchentlichen »Mickey Mouse Weekly« eine schwedische Ausgabe zu entwickeln. 1937 kam »Musse Pigg-tidningen«, das Micky-Maus-Magazin, heraus.

Hartmann eröffnete für Disney Büros in allen skandinavischen Ländern. In der Folge wurde Donald zum erfolgreichsten Charakter in Skandinavien, weit erfolgreicher als Micky Maus. In Schweden erschienen die Hefte unter dem Titel »Kalle Anka & Co.« ab 1948, in Finnland ab 1951.

Aku Ankka und die Kalevala

Donald-Duck-Hefte sind mindestens in Teilen Bildungslektüre. Viele Geschichten beschäftigen sich mit kulturgeschichtlichen Phänomen und Ereignissen, den Maya, zum Beispiel.

Eine Story des amerikanischen Donald-Duck-Cartoonisten Don Rosa aus dem Jahre 1999 beschäftigt sich mit der Kalevala. Es ist eine speziell finnische Geschichte um den größten nationalen Mythos unter dem Titel »*Sammon salaisuus*«, wörtlich übersetzt: »Das Geheimnis des Sampo« (auf Englisch »The Quest for Kalevala«, in der deutschen Ausgabe »Die Jagd nach der Goldmühle«). Inspiriert hatte ihn dazu eine Neudefinition der Kalevala von Kinderbuch-Autor und -Zeichner Mauri Kunnas, »*Koirien Kalevala*«, »Die Hunde-Kalevala«, der die Geschichte von Hunden erleben lässt.

Im Comic streiten sich anfangs Dagobert und Donald im Geldspeicher. Onkel Dagobert findet im Speicher beim Wühlen in einer Kiste einen Schuldschein vom berühmten Elias Lönnrot, geschrieben auf eine Seite aus Lönnrots Notizbuch, als der junge Dagobert noch als Schuhputzer arbeitete. (Fein eingebaut in die Geschichte wird Lönnrots Schuhwerk, es sind nämlich Schuhe aus geflochtener Birkenrinde; hier ist also gleich auch ein Stück Volkskunde untergebracht.) Tick, Trick und Track schauen in ihrem »schlauen Buch« nach, wer dieser Lönnrot wohl sei, und sie erfahren, dass der einst in Karelien die Gesänge der Kalevala gesammelt und dann bearbeitet und zum Kalevala-Epos be- und umgearbeitet hatte.

In diesem Epos, der Geschichte um den Helden Väinämöinen, ist der Sampo eine Zaubermühle, geschaffen vom Schmied Ilmarinen, die Getreide, Salz und Gold herstellen kann. Eine Mühle, die Gold macht? Dagobert macht sich sofort mit Donald und den Neffen auf den Weg nach Finnland, den berühmten Sampo zu finden, und sie gelangen in ein Zauberreich, finden Väinämöinens Schwert, und durch jeden, der es berührt, spricht Väinämöinen, und zwar in Original-Kalevala-Versen. Sie finden seine berühmte Kantele, das Zauber-Instrument, das aus dem Kiefer eines Hechts gefertigt wurde, sie reisen in die Unterwelt und treffen auf die böse Hexe des Nordlands, Louhi. Da, wo sie im Original in Gestalt eines Riesenadlers die Mannen um Väinämöinen angreift, schlüpft nun die herbeigezauberte Gundel Gaukeley in eine Art Flugkorsett mit scharfen Klauen und greift Donald, Dagobert, die Neffen und den ebenfalls herbeigezauberten Daniel Düsentrieb an. Und hier entsteht einer der wirklich großen Momente der Comic-Kunst:

Ein Zentralwerk finnischer Kunst mit ikonographischem Status ist das Bild »Die Verteidigung des Sampo«. Ein Bild zum Kalevala-Zyklus, 1896 geschaffen von Akseli Gallen-Kallela. Es ist zu sehen im Kunstmuseum Turku. Das Bild nimmt im Grunde die Comic-Kunst vorweg: Die geflügelte Hexe in der Luft, hinter sich der Mastbaum, wird angegriffen von vier Kriegern mit Speeren, deren eine Lanzenspitze schon in ihren Körper dringt. Ihr Körper ist halb Frau, halb Greif. Die Schwingen ausgebreitet, starrt sie auf Väinämöinen, der am Ruder steht und sein Schwert schwingt. Das Schwert, sein graues Haar und Bart im Wind, die Lanzen, alles zeigt nach rechts, eine große Dynamik geht von diesem Bild aus. Die Harfe, die Kantele aus dem Kiefer eines gigantischen Hechts, liegt hinterm Bootsheck im Wasser. Das Meer um das Schiff ist aufgewühlt, ein schmaler heller Wolkenstreif hängt vor dem grünen, besternten Himmel. Das ist so surreal wie expressionistisch. Wir schauen auf die Szene, als würden wir eine Kamerafahrt gezeigt bekommen, sehen auf die Köpfe der Lanzenkämpfer, dann zu Väinämöinen, dann zur Hexe, hinter deren Rücken sich andere Kämpfer scharen.

Dieses Werk wird von Don Rosa als Autor und Zeichner adaptiert und grandios parodiert und auch in seiner Version zum zentralen Bild der Geschichte ausgearbeitet. (Es ziert das Titelbild der finnischen Ausgabe.) Vorm Mast fliegt Gundel Gaukeley in einem Adlerkorsett mit gewaltigen Krallen, wie Sensenblätter. Dagobert erhebt seinen Gehstock, wo Väinämöinen das Schwert schwang. Statt der Lanzen halten Tick, Trick, Track und Daniel Düsentrieb die bewehrte Hexe mit langen Rudern auf Abstand, während Donald mit einer Harke nach ihr schlagen will. Die Harke, mit der er Augenblicke später, von Hexe

121

Gundels Krallen über Bord geschlagen, die rettende Harfe fischt.

Im weiteren Verlauf der Geschichte taucht das Seemonster aus der Kalevala, Iku-Turso, aus den Fluten und bedroht in Don Rosas Geschichte Helsinki, wie Godzilla in frühen Trickfilmen japanische Hafenstädte. Don Rosa schickte seinen Iku-Turso sogar auf den Dom von Helsinki wie einst King Kong, der 1933 das Dach des Empire State Building erkletterte.

Und dann rettet Donald Helsinki – mit der Zauberkraft der Kantele! Das Instrument war vorher für kurze Zeit von Louhi gestohlen worden, und sie ruft Iku-Turso, das Seeungeheuer, zum Angriff auf Helsinki und spielt dabei (als Noten gezeichnet) auf dem Instrument den Anfang von Richard-Wagners »Walkürenritt«. Als Donald später das Instrument an den alten Väinämöinen zurückgibt, lässt dieser sehr ergriffen die Ouvertüre zu »Finlandia« von Jean Sibelius erklingen.

Wie hier die Kalevala als Mythos, aber eben auch immer wieder in Original-Versen in die Handlung eingebaut wurde, dazu Helsinki mit seiner Architektur, finnische Volkskunst und Natur, popkulturelle Zitate, Philosophisches um Sein und Reichtum verwoben werden mit den bekannten Disney-Charakteren, das ist meisterhaft, und hier weist eine scheinbar simple Donald-&-Dagobert-Geschichte weit über sich hinaus.

Kari Korhonen

Einer der größten Verehrer von *Aku Ankka* ist Kari Korhonen. Er verehrte die Ente so sehr, dass er selber ein ausgezeichneter Autor und Zeichner von Duck-Storys wurde. Heute gehört Kari zu den Großen unter den gegenwärtigen Autoren. Zwei deutsche Sonderausgaben sind ihm bislang gewidmet, Nr. 13 aus der Reihe »Die tollsten Geschichten von Donald Duck Spezial« und die umfangreichere, als Hardcover veröffentlichte Ausgabe »Disney – Die besten Geschichten von Kari Korhonen«. Kari Korhonen ist mit seinen Arbeiten sicher einer der erfolgreichsten Comic-Künstler Finnlands, dabei ist er in seinem Fach ein absoluter Autodidakt. Er war Werbezeichner, Illustrator, Karikaturist, arbeitete für Zeitungen, den Buchmarkt und TV-Spots. 1993 kam er zum Verlag Egmont Comic Creation.

Der Duck-Virus befiel Kari schon mit vier, denn sein Vater schenkte ihm ein *Aku-Ankka*-Abonnement. In den »besten Geschichten« sagt Korhonen im Interview: »Meinen Namen auf der Rückseite aufgedruckt zu sehen war für mich als Vierjährigen unglaublich! Ich wartete immer, bis mein Vater von der Arbeit heimkam und mir die Geschichten vorlas, doch während des Wartens dachte ich mir eigene Dialoge zu den Zeichnungen aus. Die Texte dieser ersten Ausgaben Anfang 1978 könnte ich immer noch auswendig aufsagen.«

Kari Korhonen erklärt den außergewöhnlichen Erfolg der Ente gerade in Finnland: »Als *Aku Ankka* 1951 erstmals erschien, waren die Zeiten überall in Europa hart, und Finnland machte da keine Ausnahme. Dieses hochwertige vierfarbige Heft für Kinder war einfach etwas, für das es einen echten Markt gab. Realitätsflucht in ihrer reinsten Form zu diesem mythischen Platz namens Entenhausen, irgendwo im amerikanischen Wunderland – ein starker Kontrast zum kriegsgebeutelten Finnland.«

Zur eigenen Faszination und seinen Lebensumständen fügt er an: »Nun, ich war das dritte Kind in einer Arbeiterfamilie, und wir alle wuchsen in einer Einzimmerwohnung auf. Es war ziemlich eng, aber wir kamen zurecht – auch dank der Comics. Die konnte man nämlich einfach lesen, statt sich mit seinen Geschwistern um die einem zustehende Zeit vor dem Fernseher zu streiten.«

Kari entwickelte u. a. federführend die Figur des Donni Duck, des jungen Donald, der bei Großmutter Dorette, Oma Duck, auf einer Farm lebt. Zur Schule geht er in Quackville. Der kleine Donni ist nicht der Tollpatsch, der er als Erwachsener in den Comics sein wird, aber Donni hat schon viele Charakterzüge seines späteren Seins, z. B. wenig Lust auf Arbeit.

In seinen Arbeiten zeichnet sich Kari Korhonen

auch mal selbstironisch als »Sidekick« mit Mini-Matrosenmütze als Hommage an *Aku Ankka* in die Geschichten hinein. Diese Selbstporträts ziehen sich durch sein Werk, in frühen Arbeiten noch als schmaler Bursche mit langen Haaren, bis heute als ein leicht rundlicher Mann mit spärlichem Haupthaar und mit Bart »Henriquatre«, aber immer mit Kopfbedeckung, entweder Donald-Mütze oder Micky-Maus-Kappe.

In einer seiner Geschichten greift Kari Korhonen, ähnlich wie Don Rosa mit »Die Jagd nach der Goldmühle«, ein finnisches Thema auf und bearbeitet eine tatsächliche Geschichte. In »Die verlorene Sinfonie« erzählt er über einen der wichtigsten Finnen, den Komponisten Jean Sibelius, im Comic (zumindest in der Übersetzung) »Libelius« genannt, und dessen verlorene 8. Sinfonie. Tatsächlich hatte Sibelius seine 7. Sinfonie 1926 zur Aufführung gebracht und dann begonnen, an einer achten zu arbeiten, bis etwa 1938. Alle Termine zur Uraufführung ließ er verstreichen, 1945 wohl verbrannte er das gesamte Material. Auch nach seinem Tod 1957 blieb die Achte verschwunden. Erst in den 1990er Jahren gelang es, aus Notizbüchern und Skizzen Teile zu rekonstruieren. 2011 führte das Philharmonische Orchester Helsinki sie auf – es waren nicht einmal drei Minuten. Ob weiteres Material zusammengeführt werden kann, ist unsicher.

Korhonen gibt in seiner Geschichte eine eigene Interpretation und packt sie in eine raffinierte Detektivstory. Dagobert war ehemals der Mäzen, der Sibelius finanzierte und drangsalierte. Nun schickt der den tollpatschigen Donald, um die Sinfonie zu finden – in der Gewissheit, dass der scheitern werde. Aber Tick, Trick und Track gelingt es, sie aus allerlei »Schnipseln« zu rekonstruieren. Die Musik ist eigentlich ein ins Morsealphabet umgesetzter Text, und so spielt das Orchester zur Uraufführung: »Dagobert Duck ist ein Tyrann und Knauser! Ich habe keine Lust mehr zu komponieren!« Und dann treffen Donald und seine Neffen sogar noch den Meister persönlich, der unerkannt im Konzertsaal sitzt!

2012 war Helsinki Design-Welthauptstadt. Zu diesem Ereignis gab es ein Sonderheft von *Aku Ankka*, viersprachig als limitierte Edition, »Aku Ankka Design«. Kari Korhonen schrieb dafür eine Story mit Künstlern, Elementen und Arbeiten finnischen Designs, schon auf dem Titelbild rutscht *Aku Ankka*, den Arm voller finnischer Objekte, auf der legendären Vase von Alvar Aalto aus.

Am 13. März ist übrigens Donalds Geburtstag. Kari Korhonen postete auf seiner Facebook-Seite: »Happy Birthday, Boss!«

Welcher Finne trägt sein Land im Namen?

Tom of Finland schuf in seinem Leben Tausende homoerotischer Bilder. Und ausgerechnet von diesem Künstler gibt es Briefmarken. Tom of Finland, eigentlich Touko Laaksonen, lebte von 1920 bis 1991. Im September 2014 erschienen drei Sonderbriefmarken mit seinen homoerotischen Motiven. Eine finnische Journalistin schrieb, endlich gebe es Briefmarken, wegen derer man Briefe von Finnland aus aufgeben möchte, die man am liebsten direkt an Russlands Präsidenten Wladimir Putin senden würde.

Tom of Finlands Arbeiten, Teil der Popkultur weltweit, waren in zahlreichen Ausstellungen und Galerien zu sehen, wurden und werden in großen Kunstmuseen wie dem MoMA, Museum of Modern Art New York, gezeigt. Andy Warhol, Jean Paul Gaultier, Vivienne Westwood, sie alle bewunderten ihn und seine Arbeiten.

Nur Finnland hatte Tom of Finland lange ignoriert. Bis 2011, da war Turku Kulturhauptstadt Europas. Und Toms Todestag jährte sich zum zwanzigsten Mal. Die künstlerische Leiterin von Turku 2011, Suvi Innilä, begründete die Entscheidung, Toms Arbeiten Raum zu geben: »Zuerst war ich nicht sicher, ob man solche Bilder in ein Mainstream-Kunst-Festival einbeziehen kann. Aber als ich dann die Qualität der Originalzeichnungen auf Papier gesehen habe, da gab es keine Zweifel. Er ist, ohne Frage, der maßgeblichste und einflussreichste Künstler, der aus dieser Region stammt. Die Vorstellung, ein Kulturjahr in Turku ohne ihn zu haben, ist undenkbar.«

55 Jahre zuvor war die erste Zeichnung von ihm auf dem Cover des US-Magazins »Physique Pictorial«, einem Bodybuilder-Magazin mit überwiegend schwuler Leserschaft, erschienen. Er hatte schnell große Erfolge in der Bodybuilder-Szene. Auf dem legendären Cover: ein sinnlicher, lachender Adonis – schmale Hüften, breite Schultern, bloßer Oberkörper, mit deutlich in der Hose liegendem Geschlechtsteil, blond, mit Tolle, balanciert als Holzfäller und Flößer auf einem Baumstamm in der Flussmitte, an seiner Hüfte das typische Finnenmesser, in den Händen die Flößerstange.

Tom of Finland hat den Homosexuellen zu neuem Selbstbewusstsein verholfen, heißt es in den Porträts. Homosexualität war in den fünfziger Jahren in Finnland bei Strafe verboten und wurde erst 1971 legalisiert. Schwule Männer galten als Weichlinge und minderwertig. Tom of Finland stellte dem ein kraft- und lustvolles Bild von Männlichkeit entgegen.

Er hatte erste Erfahrungen in den »verdunkelten Nächten« der Kriegsjahre gemacht. Er liebte, wohl auch durch die Erfahrungen in dieser Zeit mit deutschen, russischen und finnischen Soldaten, maskuline Männer. Tom of Finland zeichnete Matrosen und Machos, in Lederklamotten, Biker, Arbeiter, nackt, halbnackt, muskulös, oft uniformiert, manchmal ein wenig karikaturhaft überzogen, immer wieder in augenzwinkernden Posen, oft selbstironisch, immer selbstbewusst, offensiv, leidenschaftlich und lebensfroh und sinnlich. Und immer wieder auch in »finnischer« Umgebung, in der Sauna oder den Wäldern. Oder auf Motorrädern, auf deren Tank statt der Markenbezeichnung nun »Tom« als Marke und Signatur zugleich zu lesen ist.

Queen und Freddie Mercury wurden durch Tom of Finland beeinflusst, heißt es, manche glauben, die Village People hätte es ohne ihn nicht gegeben, und tatsächlich wirkt die Band wie eine »fleischgewordene« Zeichnung von ihm.

Ralf König verneigt sich vor Tom of Finland

Ralf König, Cartoonist und Drehbuchautor, einer der wichtigsten deutschen Zeichner der Comic-Kunst, berühmt geworden spätestens mit »Der bewegte Mann« als Comic und als Film, kommentiert im Interview die Briefmarkenedition von Tom of Finland. König war einer der entscheidenden, wenn nicht sogar der wichtigste Künstler in Deutschland für die schwule Szene und Bewegung, er machte Homosexualität sichtbar und enttabuisierte sie mit einer noch nie gesehenen Komik, mit satirischem Blick auf homosexuelle Lebenswelten.

Bernd: Wer ist Tom of Finland – gerade aus heutiger Sicht?

Ralf: Schon sehr früh, in den späten 1950ern, als schwule Männer mit ihrer Andersartigkeit noch verzweifelt auf Identitätssuche waren und meinten, eher extrem rumtucken zu müssen, hat Tom of Finland mit seinen gezeichneten Phantasien gezeigt, dass man als schwuler Mann nicht nur auf maskuline Männer stehen, sondern sinnigerweise selbst auch so aussehen darf! Das war kaum zu unterschätzen für ein intaktes Selbstwertgefühl. An Tom of Finland kam man Jahrzehnte nicht vorbei.

B: Spielte er eine Rolle für dich?

R: O ja, in den 1980ern war er im fast religiösen Sinne Ikonenmaler. Ich hab damals in meinen ersten Comics Zeichnungen sogar von ihm »geklaut«, dann erschienen meinen erbärmlich gekritzelten Knollennasen diese Halbgötter.

B: Beschreib bitte die Kunst, die Technik, die Ausführung seiner Arbeiten.

R: Bleistift. Und das Höchste, was man mit Bleistift erreichen kann! Licht auf nackter Haut, Glanz auf schwarzer Lederkleidung, Schattenverläufe geschmeidiger Muskeln, alles Bleistift und wunderschön. Die comichaften schwarzweißen Tuschearbeiten finde ich weniger interessant. Es ist der verdammte Bleistift!

B: Wenn du deine Zeichnungen ins Verhältnis stellst zu seinen, wo liegen die Unterschiede?

R: Meine Nasen sind dicker als seine! Wenigstens die. Nicht so dick wie seine Schwänze, aber ich hab die dickeren Nasen. Ha!

B: Tom of Finland wird nun mit drei Briefmarken-Sondereditionen geehrt. Was sagst du dazu?

R: Absolut angemessen. Man hat Tom of Finland zu lange in die Schwulenschmuddelpornoecke geschoben, da sind staatliche Briefmarken eine Richtigstellung und Würdigung.

B: Wären solche Marken in Deutschland auch von Ralf König denkbar?

R: Für späte Ehren muss man meistens erst mal tot sein, drum hab ich's nicht so eilig. Aber dann … leckt mich doch!

Finnen auf der documenta

Die documenta ist die wichtigste Kunstausstellung der Welt, das »Museum der 100 Tage«. Sie findet inzwischen alle fünf Jahre in Kassel statt. Der Kasseler Architekt Arnold Bode rief die documenta 1955 ins Leben, um Deutschland wieder an die internationalen Kunstströmungen heranzuführen, das Land wieder zu öffnen, nachdem »moderne Kunst« jahrelang als »entartet« gebrandmarkt worden war.

Auf der documenta waren immer wieder Finnen vertreten, insgesamt neun Künstler bei sechs von bislang dreizehn Ausstellungen. Am überraschendsten war sicher die Einladung von M. A. Numminen zur documenta 13. Mit einer Mischung aus Konzert und Performance wurde der Multi-Künstler mit den vielen Talenten, der eigentlich und zu seinem eigenen Bedauern sonst fast ausschließlich im komischen Fach wahrgenommen wird, hier als eine der künstlerischen Klammern eingeladen.

Die Ausstellungen und ihre Künstler:

documenta 3 (1964): Tapio Wirkkala
documenta 4 (1968): Per Olof Ultvedt
documenta 9 (1992): Pekka Nevalainen; Jussi Niva
documenta 10 (1997): Liisa Roberts
documenta 11 (2002): Eija-Liisa Ahtila
documenta 13 (2012): M. A. Numminen, Erkki Kurenniemi, Mika Taanila

---

Mücken, Köttel, Grenzstationen
Nördliches Finnland

Wo ist der Elch?

Wenn man durch das Land fährt, gibt es immer wieder die Verkehrsschilder: »Achtung, Elch kreuzt!« Aber diese Hoffnung wurde mir nicht erfüllt. Ich konnte noch so schauen – es zeigt sich keiner. Vielleicht darum hielt ich bald jede zweite herausgerissene Baumwurzel am Wegesrand und in den Wäldern um mich herum für einen Elch. Und war jedes Mal enttäuscht, wenn ich dann doch nur an Gehölz vorbeifuhr. Aber noch lag fast das ganze Land vor mir. Da konnte der Elch ja noch kommen.

Finnland hat allein eine Außengrenze von 2681 Kilometern an Schweden, Norwegen und Russland entlang, da sind die reinen Ufergebiete im Süden und Westen noch gar nicht mitgezählt. Platz genug für zwei und mehr Elche, mir zu begegnen. Ich war sicher, ich würde meinen finden, beziehungsweise er mich.

Ich verließ Rovaniemi und fuhr Richtung Westen zur schwedischen Grenze, dann flussaufwärts an Tornionjoki, Muonionjoki und Könkämäeno entlang

Richtung Lappland. Je weiter ich nach Norden kam, umso kleiner wurden die Bäume. Das traf aber auch auf die Tierwelt zu. Sogar die Geweihe wurden kleiner. Die Elche wurden quasi zu Rentieren. Und die zeigten sich wenigstens. Eine Gegend für Tierfilmliebhaber. Dauernd kamen sie aus dem Gehölz, rannten einem aber nicht nur vor die Linse, sondern auch vor das Auto. Ständig.

Mit den Rentier-Warnschildern macht es sich der Finne sehr einfach. Kurz hinter Rovaniemi stand ein Schild, dass ab hier ganz Lappland Rentierzuchtgebiet sei und man entsprechend fahren solle. Das galt ab da und bis auf weiteres. Die Rentiere laufen dort frei und wo sie wollen. Ich lernte von einem Finnen: »Wenn sie fressen, fressen sie. Wenn sie nicht fressen, laufen sie dir vor den Wagen.« Und das stimmt. Sie kommen einem auf der Fahrbahnmitte entgegen. Oder sie kommen quer aus Gräben und Unterholz, laufen dann vor dem Kühlergrill her, kilometerweit, und schauen ab und zu über ihre Schulter zu dir, ob du noch da bist, und wenn du dich doch traust sie zu überholen, sprinten sie dir in dem Moment quer vor den Wagen.

Ich durfte auf diesen Straßen zwar 80 fahren, aber das tat ich nie, denn erstens erschien mir das inzwischen rasend schnell, wie 180 zu Hause, und zweitens kamen tatsächlich dauernd Rentiere. Ich hielt ständig an und fotografierte aus den geöffneten Fenstern.

Weibchen mit Jungtier. Stolze Böcke mit ausladendem Geweih. *Poro* auf Finnisch.

Und dann lernte ich ein ganz neues Tier kennen. Legendär wie Elch und Ren, aber ungleich kleiner. Und schlimmer. Mücken! *Hyttynen!*

〜⋀ Aus meinem Reisetagebuch XV ⋀〜

Finnisches Zen (zartbesaitete Naturen sollten dieses Kapitel vielleicht besser überspringen)

Lappland. Ich fuhr am Grenzfluss entlang. Das linke Ufer war schon Schweden. Ich war auf dem Weg zur nordwestlichsten Spitze Finnlands, Kilpisjärvi. Dort ist der Grenzübergang zu Norwegen. Ich ließ die Fenster herunter und schaute auf die Stromschnellen links neben mir. Plötzlich tauchte eine neue Bedrohung im Straßenverkehr auf. Direkt in meinem Wagen.

Schon nachdem ich in Muonio übernachtet hatte, war es zu einem ersten Kontakt gekommen. Ich wurde wach, und es juckte. Mückenstiche. Nicht viele, höchstens fünf, aber ganz schlecht verteilt, so dass ich nicht alle gleichzeitig kratzen konnte. Und an ganz fiesen Stellen: Hals hinten, rechter Fuß am Knöchel außen usw.

Das ganze Land steht voller Elch-Warnschilder, aber kein einziges Schild warnt vor Mücken. Aber dann sähe man Finnland nicht mehr vor lauter Schildern.

Ich fuhr parallel zum Muonionjoki. Immer wieder phantastische Natur, die ich mir näher besehen wollte. Sobald ich aber hielt und die Autotür nur einen Spalt öffnete, waren sie da – die Vampire des Nordens. Sie stürzten sich auf mich und in meinen Wagen. Ich schlug um mich. Sieben auf einen Streich war überhaupt kein Problem.

Die Angler am Fluss trugen Hüte mit Mückennetz. Ich bald auch, aber beim Fahren! Wenn telefonieren im Auto verboten ist, dann müsste Mücken erschlagen im fahrenden Wagen erst recht verboten sein. Bald klebten an meiner Windschutzscheibe innen mehr Mücken als tote Insekten vorne an meinem Kühlergrill. Und es kamen immer mehr von den Biestern. Blut spritzte, denn einige hatten mich bereits ausgiebig ausgesogen, bevor ich sie erwischte. Es war ein grausames Gemetzel. Ich konnte die Leichen nicht entsorgen, dann wären sofort neue hereingekommen. Ich hatte Stephen-King-Phantasien. Ich fürchtete, dass die Nekromanten des Nordens diese Wesen sofort wieder zum Leben erwecken würden, dass diese Mückenzombies sich alle erheben würden, um mich zu entsaften.

Ich hatte gestern sogar auf dem Bildschirm des Laptops den Cursor geschlagen, weil ich dachte, es sei eine Mücke. Als ich den PC später wieder öffnete, klebte tatsächlich eine tot am Bildschirm! Beim Schließen von der Return-Taste erschlagen. So wird Gier bestraft. Die Welt ist gerecht.

Ich war unterwegs auf der Nordlichtroute, weiter auf dem Weg nach Kilpisjärvi, in die linke obere Landesecke. Der westlichste Punkt Finnlands. Mein großes Töten schien sich unter den Tieren herumgesprochen zu haben. Da ich mitten in eine Rentierherde geraten war, hatte ich beide Fenster geöffnet und fotografierte aus dem Auto heraus. Eine Mücke kam herein, stand in der Luft, fixierte mich, erkannte mich und flog sofort zum anderen Fenster wieder heraus.

Ich fragte in Kilpisjärvi direkt bei Ankunft eine Finnin: »Was macht ihr gegen die Biester?« – »Eigentlich nichts. Aber wenn sie gestochen haben, gehen wir in die Sauna!« Ich beschaute mir mit schlechtem Gewissen das Blutbad rund um den Fahrersitz. Die zerquetschten Tiere. Einzelne klebende Gliedmaßen. Flügel. Beine. Körper. Die blutigen Flatschen auf Windschutzscheibe, Lenkrad und Autokonsole. Langsam stieg Reue in mir auf. Und Demut. Nie wieder nach Mücken schlagen, sie einfach machen lassen, das war für mich ab nun die höchste zivilisatorische Stufe, nur von Finnen erreicht. Ich nannte es »finnisches Zen«.

Transsilvanien hat Dracula und die Vampire, Finnland hat die Mücken. Die Liste der blutsaugenden Insekten umfasst sieben Insektenarten. Wichtig wäre noch anzumerken: Blutsauger sind dabei die Weibchen, die das Eiweiß aus dem erbeuteten Blut brauchen, um Eier ablegen zu können. An manchen Tagen hat der »gestochene« Reisende natürlich das Gefühl, das viele Blut hätten ihm nicht nur die Weibchen allein ausgesaugt.

Die sprichwörtlichen finnischen Mückenplagen sind im Süden des Landes kaum oder nur kurze Zeit zu verzeichnen, in Lappland können sie zu manchen Jahreszeiten und Wetterlagen weit mehr als eine Belästigung sein. Ein Grund, nicht nach Finnland zu reisen, sind sie aber definitiv nicht.

Im Museum Siida in Inari sind alle Mückenarten und andere »Sauger« sauber aufgespießt auf Nadeln zu bewundern. Sie sind klassifiziert und durch Vergrößerungsgläser zu betrachten, was wiederum Respekt einflößt vor den Millimeterwesen. Vielgestochene fühlen sich sehr gut bei diesem Anblick!

Dies sind die sieben Plagen der Menschheit und der Tierwelt:

1. die Stechmücke – *hyttynen, sääski*

Die gemeine Stechmücke. Das ist wertend gemeint. Sie verhindert mit einem Enzym die Blutgerinnung beim »Opfer«. Dieses Enzym kann Jucken und leichte Entzündungen hervorrufen.

2. die Gnitze – *mäkärä*

Die Gnitzen sind kleine Mücken von bis zu 2 Millimeter Länge. »Janz fiese Möpp«, wie der Kölner sagen würde.

3. die Kriebelmücke – *polttiainen*

Sie sehen fast aus wie Fliegen und werden zwei bis sechs Millimeter groß. Im Museum Siida wird sie als eine der kleinsten Mückenarten mit einem Millimeter Größe beschrieben, eine Art, bei der auch die Männchen Blut saugen. Sie sind tatsächlich kaum zu sehen und gehen auch durch viele Fliegennetze noch hindurch.

Im Gegensatz zu den »Stichsaugern« wie Stechmücken sind Kriebelmücken »Poolsauger«, Brunnenbohrer quasi. Sie erzeugen eine größere Wunde, in der sich das Blut erst sammelt, dass sie dann aufsaugen.

4. die Rentierbremse – *poropaarma*

5. die Pferdebremse – *suppupaarma*

6. die Goldaugenbremse – *sokkopaarma*

Bremsen – *paarmat*. Sie gehören zu den Fliegen und beißen Mensch und Tier, und zwar äußerst schmerzhaft. Speziell Schweiß lockt sie an, und sie stechen auch durch Kleidung. Das tun einige Mückenarten aber auch!

7. die Biesfliege – *porokiiliainen*

Die Bies- oder Dasselfliegen sind keine Blutsauger, sondern waschechte Parasiten, sie legen insbesondere Huftieren ihre Larven unter die Haut, die dann in und an den Wirtstieren heranwachsen. In Lappland legen die Biesfliegen ihre Eier in den hinteren Läufen der Rentiere oder auch der Elche ab. Die Larven wandern im Unterhautzellgewebe bis zum Rücken und schaffen sich Atemlöcher in der Haut des Wirtstieres, was eine Qual für die befallenen Tiere ist – und ein Problem für die Züchter, wenn die Felle der Tiere durchlöchert sind. Die Rentierbremse und die Biesfliege, im Museum findet man auch ihre Larven ausgestellt, sind in diesem Stadium echte Brummer. Und natürlich sind sie in der Natur unangenehm und nützlich zugleich. Die befallenen Tiere leiden unter dieser ständigen Insektenqual, haben große Blutverluste und stehen durch die steten Schmerzen natürlich unter Dauerstress. Vögel wie der Wiesenpieper aber freuen sich auf Nahrung für sich und den Nachwuchs!

Die wichtigste Frage für den Menschen ist: Was kann er tun nach dem Stich? Die einen Experten raten, die Stelle kurz mit Eiswürfeln zu kühlen. Eine Zwiebelhälfte auf den Stich drücken ist ein zweiter Rat. Noch besser, meinen andere, sei ein lokaler Hitzeschock, aber sofort. Dafür muss man den Einstich also gleich bemerkt haben. Dann könne man eine Münze auf 50 Grad Celsius erhitzen und auf die Stelle legen. Auch ein Antihistaminikum könne helfen. Gel sei besser als Salbe. Spitzwegerich, zwischen den Fingern zerrieben und auf den Stich aufgetragen, helfe, ebenso Spucke, die kühle, sie enthalte schwache Schmerzstiller und Antihistamine. Auch Teebaumöl, Tiger Balm und Franzbranntwein sind empfehlenswert. Auf keinen Fall kratzen!

Eine weitere Möglichkeit beschreibt der Schriftsteller und Satiriker Hardy El Kurdi in seinem Buch »Revolverhelden auf Klassenfahrt« über einen Dänemarkurlaub, wo er sich als »perfekten Insekten-Blitzableiter« bezeichnet. Er berichtet von einer »finnischen Erfahrung«: »Einmal allerdings flößte mir eine junge Dame während eines Finnlandurlaubes, welcher mückentechnisch eine noch größere, gradezu unmenschliche Herausforderung als jede Dänemarkreise darstellte, einen blutbildenden Quirl-Mix aus Milch, Rotwein, rohem Ei und Traubenzucker ein und rieb meine wundgestochene Haut zur Juckreizlinderung mit einem gefrorenen Spinatklotz ab.« Ein gefrorener Spinatklotz also! Keiner reise ohne!

Wenn der aber zufällig nicht zur Hand ist? Dann macht man am besten das, was der Finne ohnehin ständig tut: Man geht in die Sauna!

Die Spur der Köttel

Nach 1806 Kilometern Fahrtstrecke von Helsinki bis hierher wurde es Zeit, endlich mal nicht zu fahren, sondern zu gehen. Ich war gestern wandern. Zum Dreiländereck in Kilpisjärvi. Erst mit dem Boot über den See, dann zu Fuß an der schwedischen Grenze entlang. Von so einer Grenze haben die DDR-Bürger geträumt. Ein Grenzchen, maximal. Ein Wanderweg führt an grobmaschigem Maschendrahtzaun entlang. Ganz schnell fühlte ich mich als einsamer Trecking-Tourist, denn alle anderen, die mit auf dem Boot gewesen sind, waren schneller als ich, auch der ältere Schwede mit seinem Golden Retriever.

Ich genoss die Landschaft. Die Ruhe. Rechts der See, links kleine Birken und die Grenze. Dann sah ich Tierköttel. Ziemlich große Köttel. Meine Ruhe wechselte zu leichter Unruhe. Was war das für ein Tier? Ich schritt aus. Ein Rentier? Etwa tatsächlich ein Elch? Wieder Köttel. Beachtlich. Es gab sogar Bären in Finnland. Aber hier?

Von Kötteln auf die dazugehörigen Tiere zu schließen ist schwer. Und »Köttel« hatte ich auch nie im Biologie-Unterricht. Ich spürte ein gewisses Unbehagen. Von Angst möchte ich nicht sprechen, aber ich war irgendwie beunruhigt. Ich hatte mir tags zuvor ein Finnenmesser gekauft. Es war im Rucksack. Sollte ich mir hier wirklich ein Messer an den Gürtel hängen? Aber wenn das ein Bärenköttel wäre? Wenn hier ein Bär wär? *Karhu* auf Finnisch. Vielleicht nahm er ja erst die schneller Ausschreitenden vor mir. Für die Finnen, die schon wieder vom Dreiländereck zurück- und mir entgegenkamen, schien es normal zu sein, dass ich nun ein Messer am Gürtel trug.

Nutzen würde mir das Messer nicht viel, das wusste ich. Vor ein paar Tagen, in Rovaniemi im Pilke Science Center, war ich in einem Computerspiel auf Jagd gegangen. Ich hatte dort auf Elche geschossen. Ich hatte ab dem zweiten Schuss getroffen, obwohl das Tier in Bewegung war! Mit »Vorhalten«, jeder Schuss ein Treffer. Und das als Kriegsdienstverweigerer! Aber auf meiner digitalen Bärenjagd hatte ich Meister Petz dreimal nur angeschossen und dann hatte er mich niedergemacht. Dreimal!

Oder war das auf dem Boden nur der Haufen des irgendwo vor mir laufenden Golden Retriever? Aber so viele Haufen? Das schaffte selbst der goldigste Retriever nicht. Wenn ich jetzt Daten-Roaming für mein Smartphone gehabt hätte, hätte ich auf Wikipedia sicher nach dem passenden Tier für die Köttel suchen können. Aber in der Wildnis ist man nun mal verloren.

*»Dem Fröhlichen ist jedes Unkraut eine Blume,
dem Betrübten jede Blume ein Unkraut.«*

(Finnisches Sprichwort)

Sámi, Joiks und Rentierzüchter
Traditionen und Wandel

Finnlands höchste Hausnummer

Nun war ich am nordwestlichsten Punkt des Landes gewesen. Nach der Rückkehr von meiner Wanderung zum Dreiländereck fuhr ich zur norwegischen Grenze, zur Zollstation in Kilpisjärvi, direkt am Grenzübergang. Draußen prangte die Hausnummer. Fünfstellig! 14 942 – die höchste Hausnummer, die ich je gesehen hatte. Ehrfurchtgebietend.

Zoll heißt auf Finnisch *tulli*, auf Schwedisch »tull«, auf Norwegisch »toll«. Darum steht im zweisprachigen Finnland an der Grenze zu Norwegen auf dem Grenzschild *tulli* und »tull« – schließlich ist Schwedisch die zweite Amtssprache –, auf der norwegischen Seite nur »toll«. Hier oben in Lappland findet sich oft allerdings auch Sámisch als zweite Sprache auf den Schildern.

Ich betrat die Zollstation. Rechts saß der norwegische Beamte, links der Finne. Da meine Frage »Finnisches« betraf, verwies mich der Norweger an den Kollegen. Ich stellte mich vor. Er hieß Kauko.

»Hohe Hausnummer«, sagte ich.

»Ja!« Kauko lachte.

Ich fragte: »Stehen an dieser Straße wirklich 14 942 Häuser? Ich meine, ich bin die Straße ja gerade von Muonio hochgekommen und ich erinnere mich auch an Hausnummern wie 3200 und so. Aber kilometerweit war da kein Haus zu sehen. Wie kommt ihr auf 14 942?«

Kauko grinste mich an: »Die Straße beginnt in Palojoensuu, an der Abzweigung nach Enontekiö. Von der Kreuzung bis hierher sind es genau 149,42 Kilometer. Wir nehmen einfach die Entfernung. Die Strecke ergibt dann die Hausnummer.«

Ich wollte rüber in den Nordosten. Nach Nuorgam. Dazu musste ich dahin, woher ich gekommen war. Ich fuhr also von der Grenzstation in Kilpisjärvi die Straße wieder zurück, am Grenzfluss entlang. Ich fuhr genau 149,20 Kilometer, bis zum Abzweig nach Enontekiö, und bog ab nach Tepasto. Ich fand ein zauberhaftes *mökki* in einer Flussschleife. Natürlich mit Sauna. Ich blieb zwei Tage und ruhte mich aus von den ersten 2000 Kilometern.

Dann wollte ich weiter, entlang der norwegischen Grenze. Grenznah, also grenznäher als ich jetzt fuhr, gab es keine Straßen! Ich hatte mein Navigationsgerät programmiert. Ich drückte »zulassen« für eine »unbefestigte Straße«. Das war ein Fehler. Was dann kam, hatte mein Auto noch nicht gesehen. Mich wunderte, dass mein Fahrrad nicht vor Ärger absprang.

Bei jedem Schlagloch zuckte es zusammen. Mintfarbene sind sehr sensibel.

Mein Auto war für so etwas nicht gemacht. Ein Freund von mir, Jochen, der fährt einen Wagen für solche Wege, so einen wie damals in der Fernsehserie »Daktari« Dr. Marsh Tracy und District Officer Hedley fuhren. Mit so was jedenfalls kann man durch afrikanische Flüsse fahren, neben Löwen herjagen, und wahrscheinlich wird der inzwischen sogar mit Mähdrescher-App geliefert. Meine Reifen waren mindestens vier Nummern zu klein für diese Straße ohne Namen. Sie hatte Schlaglöcher, groß wie der Inari-See. Aber ich wurde entschädigt. Ständig kreuzten kleine Rentiergruppen mit ihren Jährlingen, die erst drei oder vier Monate alt waren. Sogar ein scheuer Auerhahn kam mit der Dame seines Herzens vorbei. Nicht ganz so imposant wie Tiere mit Geweih, dafür aber wirklich selten zu sehen. Also, wenn hier der Elch nicht kam, dann wusste ich auch nicht, wo der Elch noch kommen sollte.

Der Elch kam aber nicht. Dafür überholte mich ein Taxifahrer! Mitten im Wald und trotz aller Schlaglöcher und Rentiere fuhr er so schnell, als wäre er auf der Avus unterwegs. Mein Fahrrad zog unwillkürlich den Lenker ein. Ich dachte mir, wenn hier in dieser Gegend ein Taxifahrer überhaupt mal eine Fahrt bekommt, dann lohnt sich das für die nächsten zwei Wochen!

Immer wieder hielt ich an und ging in den Wald. In meinen neuen Stiefeln. Ich hatte schon am Vortag Gummistiefel gekauft. Nokian. Leuchtend gelb. Und fast doppelt so teuer wie noch in Rovaniemi, aber da hatten sie keine mehr in meiner Größe. Ich hatte einen Traum: Ich wollte ein Rentiergeweih finden. Schließlich leben hier mehrere Hunderttausend davon, also musste es auch Hunderttausende abgeworfene Geweihe geben. Ich fand aber nur Pilze! Ich fuhr weiter, unter heftigen Protesten meines mintfarbenen Damenrads. Irgendwann dann hatte ich wieder Teer unter den Reifen. Und vor mir lag der Lemmenjoki-Nationalpark. Goldgräberland!

~~~◄ Aus meinem Reisetagebuch XVIII ►~~~

Philosophensitz am Lemmenjoki oder: Großmutters Stube

Ich übernachtete am Lemmenjoki. Wer zu den Goldgräbern will, muss zuerst hierher, nach Njurguilahti. Am Wasser steht das Gasthaus, Zentrum einer kleinen Ferienanlage. Die darf man sich aber nicht vorstellen wie gemeinhin »Clubs«. Ich mietete ein *mökki* beim »Café Ahkun Tupa«, das ist Sámisch und bedeutet »Großmutters Stube«.

Auf dem weitläufigen Gelände stehen unter Bäumen verschiedene Ferienhäuser in unterschiedlicher

Größe und Ausstattung. Die *mökkis* sind nach Rentieren benannt, nicht mit Eigennamen, sondern mit den sie beschreibenden Fellfarben: *valkko* – weiß, *mutsikki* – schwarz. Ich wohne in *suivakka* – hellgrau.

Großmutters Stube ist die Heimat dreier Schwestern, Johanna, Margetta und Aletta. Johanna lebt mit ihrem Mann und den Kindern in Helsinki, kommt aber immer wieder hierher und arbeitet dann sofort mit, im Restaurant, am Haus. Hier gibt es auch Handwerkliches zu erstehen, traditionell Sámisches, Kleidung, Schmuck, Tücher, meist von Johanna gefertigt.

Margetta lebt hier und bewirtschaftet die Anlage, das Restaurant, die Ansammlung der *mökkis* mit angeschlossenem Bootsverleih und – wichtig – die »Flusshaltestelle«. Ihr Sohn Geir hilft. Sie sind Sámi, und Margettas Sohn Geir pflegt die Traditionen und joikt, singt traditionelle und eigene Lieder und tritt damit kulturelles Familienerbe an.

An den Wänden hängen Elchgeweihe, ein riesiges Elchfell, Fotos, viele aus den 1960er und 1970er Jahren. Man geht durch ein kleines Geschichtsbuch. Auf der Karte sind lokale Leckereien, die man nur in Lappland bekommen kann. Ich bestelle Rentier.

Margetta klärt mich auf. Viele würden Lemmenjoki mit »Liebesfluss« übersetzen, aber das sei falsch. Vielmehr komme der Name vom sámischen *leammijohka* und bedeute »warmer Fluss«. Dass ihre Familie herkam, liegt lange zurück. Aber hier ist sie aufgewachsen mit den Schwestern. Nachdem einige Sámi 1945 auf einer Jagd- und Fischtour Gold am Lemmenjoki gefunden hatten, kamen im darauffolgenden Jahr unter anderem auch Antti und Juhani Jomppanen, Margettas Vater. Juhani hatte schon früh einen Blick für neue Erfordernisse und wurde deswegen von anderen Sámi immer wieder kritisiert. Er sagte, man müsse sich neue Lebenswelten erobern. Mit seiner finnischen Frau Kirsti, der ersten Finnin, die in dieses sámische Dorf kam, baute er das Ahkun Tupa auf. Gemeinsam entwickelten sie hier den Tourismus. Kirstis vielseitige Sprachkenntnisse halfen dabei immens.

Juhani war ein erfolgreicher Jäger, Rentierhirte und Goldsucher, aber er war auch eine Art Botschafter, ging u. a. zu internationalen Tourismus-Events. Margetta sagt: »Er war ein Visionär.« Für die Olympischen Spiele in Helsinki hatte er ein »Sámi-Dorf« organisiert. Er besuchte Touristik-Messen, führte Geologen und baute für Besucher, für Goldwäscher und dann die Touristen diesen Ort auf. Anfang der 1970er Jahre machte Prinzessin Margriet aus den Niederlanden mehrfach heimlich Urlaub hier, erzählt Margetta. »Sie genoss die Ruhe und die Natur.«

Vater Juhani war regelrecht prominent, in Lappland ohnehin, aber auch in ganz Finnland und darüber hinaus. Margetta zeigt ein Album mit Fotos und

Zeitungsausschnitten. Er wirkte in Dokumentationen mit, und hier im Gebiet um das Ahkun Tupa wurden Kinderfernsehsendungen gedreht. Und immer in sámischer Tracht dabei waren seine eigenen Kinder, die drei Schwestern.

Wie unterscheiden sich heute Sámi und Finnen? Das sei schwer zu sagen. Sie ist hier geboren, auf dem Grundstück, am Fluss, am Lemmenjoki. Sie fühle sich nicht finnisch. Der Platz hier sei wichtig, der Ort. Haben sie noch Rentiere? Ja, aber nicht mehr so viele wie früher. Juha, ihr Mann, sei kein Sámi, sei Finne. Juha ist der Bootsfahrer, der von hier die Verbindung zum Goldgräbercamp aufrechterhält.

Margetta und Johanna erzählten von den sechziger und siebziger Jahren, als sie die sámische Kultur verleugnen mussten. Sie berichteten von ihrer Schulzeit, als es den Sámi verboten war, ihre Sprache zu sprechen, als sie ihre traditionelle Kleidung in der Schule nicht tragen durften und überhaupt davon, wie schlecht sie teilweise behandelt und angesehen wurden. »Viele Finnen denken, die Sámi sind doof, aber sie sind sehr clever.« Noch jetzt spürte man ihre Irritation und Wut, die Verletzungen dieser Jahre. Ich war irritiert. Waren die Finnen im Umgang mit ihren Ureinwohnern auch nicht besser als Amerikaner und Kanadier mit den ihren?

Und sie erzählte vom Leben in der Natur. »We are near to the nature.« Ihre Augen blitzten, als sie sagte:

»Als Sámi lebst du wie das Rentier.« Sie erklärte mir die Unterschiede in der Kleidung der Sámi verschiedener Gebiete, ein Füllhorn an Wissen um Traditionen. Heute zieht man die sámische Kleidung fast nur noch zu Hochzeiten an, zu manchen Feiern, früher jeden Tag. Man hatte eine Arbeitsjacke und eine »gute«. Dann sagte sie fast schelmisch: »Heute ist Gore-Tex besser – wenn du auf dem Schneemobil fährst.«

Sohn Geir kam dazu. Ich fragte und er zeigte und erklärte mir seine sámische Tracht, mit dem reichverzierten und wertvollen Gürtel. Dann durfte ich zwei Joiks hören, die er auf einer selbstgebauten Sámitrommel begleitete. Er hat das Trommelfell selber bemalt, nach alter Tradition, mit Tierblut. Geir sang einen traditionellen Joik, über eine Wanderung zu den Bergen, zu den Rentieren, und einen eigenen, den er selber geschrieben hatte, über das Pech beim Angeln.

Es war spät geworden. Ich verabschiedete mich. Schlafen konnte ich nicht, und ich ging zu den Mücken am Wasser. Ein Steg war ins Wasser gebaut, und an seinem Ende war je rechts und links eine kleine Bank. Es war Mitternacht, nicht mehr taghell, aber Dunkelheit konnte man das auch nicht nennen. Nicht mal Dämmerung. Das Licht fiel geheimnisvoll golden, als die Sonne kurz am Horizont verschwinden wollte, sich aber nur hinter einem kleinen Berg versteckte, um schon bald wieder aufzusteigen. Dieser Steg mit den beiden Bänken, die sich im Wasser spiegelten, wirkten wie der Sitz für zwei Philosophen, bereit- und aufgestellt für einen nächtelangen Disput um den menschlichen Sinn und das menschliche Sein.

Ich ging in mein *mökki suivakka*, denn morgen früh sollte es mit dem Boot den Fluss hochgehen, zum »Kultalan Hamina«, zum Goldhafen.

⌒⌒ Aus meinem Reisetagebuch XIX ⌒⌒

Unterwegs zum Goldhafen

In Njurguilahti, direkt am Bootssteg vom Ahkun Tupa, ist der Start zu den Goldminen vom Lemmenjoki. Tatsächlich gibt es in Finnland bis heute Goldgräber. Zum ersten Mal wurde in Lappland vor etwa 150 Jahren Gold gewaschen. Der Goldrausch am Lemmenjoki begann zwischen 1945 und 1950 mit zeitweise über 100 Claims. Am Ivalojoki, am Ivalo-Fluss, war schon 1868 Gold gefunden worden. Und immer noch buddeln auch hier am Lemmenjoki einige Unentwegte, wie unsereiner Lotto spielt. Mit ähnlichen Chancen. Manche bleiben ganzjährig.

Am Steg hängt der Fahrplan: ab Njurguilahti 10 Uhr, Halt an den Wasserfällen Ravadas um 10.40 Uhr und Ankunft in Kultalan Hamina, im Goldhafen, um 11.30 Uhr. Eine halbe Stunde später geht es wieder zurück. Täglich zweimal fährt Juha diesen Weg. Um 17.30 Uhr startet die zweite Tour. Er bringt und holt die Touristen, Freunde und Angehörige und die Goldgräber selber und ist auch ihr Kiosk. Heute hat nur einer Zigaretten bei ihm bestellt.

Am Lemmenjoki fährt man mit dem Boot einige Kilometer flussaufwärts, dort gibt es diese kleine Anlandestelle, Kultalan Hamina. Das Boot ist hier der Bus. Die Verbindung mit der Welt. Juha steuert mit dem Außenborder, und immer wieder muss er warten, weil vor ihm Rentiere den Fluss durchschwimmen. Juha legt sein Boot manchmal wie ein Motorrad in die Kurve. Wasservögel flattern zur Seite. Er kennt den Fluss wie kein anderer. Die schmalen Durchfahrten, wenn er bei flachem Wasser manchmal aussteigen muss, um das Boot durch die enge Rinne zwischen den Felsen von Hand weiterzuschieben. An einer besonders flachen Passage müssen wir Passagiere aussteigen und auf einem Uferpfad die Stromschnellen umrunden, während er sie fast allein durchfährt, nur mit dem schwersten Gast als Gewicht, den er in der Bugspitze platziert. In Millimeterarbeit schiebt sich das Boot stromaufwärts. Jede Sekunde könnte der Wasserdruck in der Engstelle das Boot quer treiben.

Der Wasserstand wechselt dauernd. Jetzt ist der Fluss sehr flach, denn seit sieben Wochen hat es nicht geregnet. Der Lauf mäandert durch die hier von kleinen, baumbestandenen Bergen geprägte Landschaft, fließt mal im Schatten steiler Felswände und öffnet sich immer wieder zu seegleichen Wasserflächen. Eine einzelne, fast überraschende Anglerin steht am Ufer. Dann verengt sich der Lemmenjoki schon wieder zu einem reißenden Wildbach.

Wo er seinen Führerschein gemacht habe, frage ich Juha. Er grinst. Von rechts mündet der Ravadasjärvi ein und ergießt sich über hohe Felsblöcke, ein echtes Schauspiel. Vier Besucher bleiben hier zu einer kurzen Wanderung und werden von uns auf dem Rückweg wieder abgeholt.

Außer mir saßen nur noch Pentti im Boot und der schwere Mann im Bug. Pentti ist 36 Jahre. Banker. Aus Kokkola. Er wirkte aufgeregt. Überraschend tat sich eine Feuerstelle auf, mit Steg davor. Juha hielt.

Pentti fragte: »Hier?«

Juha nickte: »Ja, ja, das ist die Stelle!« Pentti war verabredet mit einem Freund aus Vaasa, der schon seit 4 Wochen hier im Wald lebte und nach Gold suchte. Die Freunde wollten jetzt zwei Wochen zusammen schürfen, oder besser: waschen. Pentti hoffte auf reiche Funde und lachte: »Hoffentlich kann ich mit dem Taxi heimfahren.« Juha lächelte still, als wolle er sagen: Eine Busfahrt zurück ist wahrscheinlicher.

Ganz geheuer schien Pentti die Situation nicht zu sein. Der Freund war noch nicht da. Er stieg aus und

wartete darauf, in diesem waldbestandenen Nirgendwo abgeholt zu werden. Er winkte uns lange. Auf
dem Rückweg war er fort, als wir die Stelle passier-
ten. Ob sie fündig wurden?

Immer wenn jemand ausstieg, platzierte uns Juha
neu im langen, schmalen Boot mit den sechs Bänken, damit nicht der Bug zu hoch aus dem Wasser
steht, damit nicht das Heck zu tief im Wasser hängt.
Der mächtige Außenborder schob uns weiter. Dann
nahm Juha das Gas weg und legte elegant am Steg an.
Kultalan Hamina. Die Endstation seiner Bootslinie.
Von hier aus muss man noch einige Kilometer land-
einwärts wandern, um zu den Goldminen zu gelangen, zu den Stellen, wo unverdrossen jedes Jahr
gesucht wird. Das Gelände steht voll mit Quads, vier-
rädrigen offenen Geländefahrzeugen. Die meisten
sind mit Planen bedeckt. Sie gehören den Goldsu-
chern, die z. T. auf verschlungenen Wegen und Pfaden
von hier zu ihren Plätzen, zu ihren Claims aufbre-
chen. Den Fußgänger erwartet mit all seinem Gepäck
erst mal eine steile holzbeplankte Treppe, die sich den
nächsten Berg hochzieht. Der Weg zum Gold ist
mühsam.

Am Steg wartete ein Vater mit seinem etwa zwölf-
jährigen Sohn auf Juhas Boot, beide Köpfe in Moski-
tonetze gehüllt. Dem Jungen sah man die Erschöp-
fung nach seinem ersten Wildnistrip an. Der Vater
war stolz, auch wenn sie kaum Gold gefunden hatten.

Goldgräber am Lemmenjoki

Ein Kerl wie ein Baum stand auf dem Steg vom Kultalan Hamina. Gerade, groß, mächtig, Vollbart. Ein Typ wie Bud Spencer. Ein Mann, der Schatten wirft. Aber freundlichen Schatten. Ilkka Ärrälä. »Und? Hast du was für mich?«, fragte er, und Juha warf ihm eine Stange Zigaretten zu. »*Kiitos!*« Danke. Juha, der Bootsführer, bringt nicht nur neue Zigaretten. Auch Nachrichten. Und damit Abwechslung.

Ilkka zündete sich eine Zigarette an. Aber eine von Juha. »Soll ich die Stange hier schon aufreißen? Wie soll ich sie dann heil ins Camp transportieren?«, flachste er grinsend. Dann begann er zu erzählen. Vom Goldgräbercamp. Von der Freundschaft der Menschen hier in der Wildnis untereinander. In der Sommersaison arbeiten im Camp etwa 150 Goldgräber, 25 bis 30 davon sind Frauen. Einige wenige überwintern hier, können aber in der gefrorenen Erde natürlich nicht weiterarbeiten.

Ganze Familien erwarten gespannt die Sommersaison, die von Mitte Juni bis Ende September reicht. Die Jüngsten sind noch nicht einmal schulpflichtig, der Älteste ist stolze 90 Jahre alt. Die meisten machen »panning«, waschen mit Pfannen, also, wie Ilkka Ärrälä stolz erzählt, »nur mit Wasser und Schwerkraft, ohne jede Chemikalie«.

Ilkka ist Fotograf und Goldgräber. 1987 kam er zum ersten Mal zum Lemmenjoki und sagt von sich: »I'm hooked« – einer Leidenschaft verfallen, mehr noch einer Lebensweise. Acht Wochen im Jahr teilt er sie mit den anderen Männern und Frauen. »Außergewöhnlich feine Menschen«, sagt er. Teilt mit ihnen Spaß und Emsigkeit, Hoffnung und Entbehrung in der Einsamkeit, mitten im Lemmenjoki-Nationalpark. Erst begann die Goldsuche, erzählt er, und dann erst kam der Nationalpark. Zuerst berührte sich dieses Gebiet nur, dann gab es nach Erweiterungen einen Sonderstatus für dieses Gebiet und die Goldsucher.

Die Goldsuche ist nicht unumstritten. Einige verwenden inzwischen auch schwere Maschinen, um den Boden umzugraben, den sie dann wieder auswaschen. Immer in der Hoffnung auf Goldnuggets. Und alle paar Jahre wird einer gefunden. Nuggets, richtig große Stücke. Goldkörner. Neue Gesetze verbieten die maschinengestützte Goldsuche ab 2020. Die Jahre bis dahin gelten als Übergangszeit.

Hier in Finnland sind die größten Vorkommen an losem Gold in Europa zu finden. Es gab zeitweise etwa 400 Claims in ganz Finnland, die vom Staat gemietet werden konnten. Nur wenige hatten die Erlaubnis, Maschinen einzusetzen, denn diese Art der Goldsuche ist ganz offensichtlich nicht schonend für die Natur.

Ilkka Ärrälä hat nicht nur die Goldsucherei zu seiner Leidenschaft gemacht. Er möchte diese untergehende Kultur, das ganz spezielle Leben dieser wenigen Menschen hier in Finnlands Norden dokumentieren. »Golden Days« heißt sein großformatiger, prachtvoller Bildband, den ich am Nachmittag nach Rückkehr im Ahkun Tupa sofort durchblätterte. Zusammen mit Autor Seppo Kummala gelingt Ärrälä hier eine Bestandsaufnahme gegenwärtiger Arbeitswelten und eben auch einer ganzen Kultur, Leben, Alltag und auch Spaß.

Er schreibt: »Nichts ist leicht in den Goldfeldern. Die Natur, die Maschinen, die Entfernungen und die Autoritäten stellen sich der menschlichen Existenz hier entgegen. Die Sommer sind kurz, und das Wetter ist unberechenbar. Im einen Moment ist es drückend heiß, und eine Stunde später kann es schneien. Wenn eine Maschine kaputtgeht, gibt es keine Werkstatt, du musst alles selber reparieren. Diese ›Daniel Düsentriebs‹ hier müssen ihr Glück aus dünner Luft bauen. Wenn du Ersatzteile brauchst, gibt es die nur Hunderte Kilometer entfernt. Die laufenden Besorgungen sind nicht leichter geworden, seit das Postamt am Lemmenjoki im Herbst 2011 geschlossen wurde.«

Ärrälä ist sauer auf die Politik, die diese Kultur nun zum Untergang verurteilt, dabei war versprochen worden, dem Goldgräbergebiet im Nationalpark sei-

nen Sonderstatus zu erhalten. Die Kritik der Natur-
schützer gilt vor allem der mechanisierten Goldsuche, die hier aber ohnehin nur von zehn bis zwanzig
Leuten am Lemmenjoki praktiziert werde. Maschinen sind teuer, sie herzuschaffen ist mühsam und
aufwendig. Mit Pfannen darf auch nach 2020 noch
gewaschen werden. Aber die Genehmigungen sind
teuer, der Ertrag ist gering, das lohnt sich kaum.

Ärrälä steht am Steg und berichtet von dieser untergehenden Kultur, über die er einen Dokumen-
tarfilm plant. Er schwärmt vom Leben dort, vom
Zusammenhalt, von der Nachbarschaft. Dem Ur-
sprünglichen. Und flucht auf die Politik, die in seinen Augen vollkommen unverhältnismäßig reagiert
auf diese wenigen: »Die Zentrumspartei bekam die
Atomkraft, die sie wollte. Die Grünen blieben in der
Regierung, weil man ihnen z. B. versprach, die maschinengestützte Goldsuche am Lemmenjoki zu be-
enden.« Das scheint tatsächlich ein seltsamer Tausch
angesichts nuklearer Gefahren im Verhältnis zu den
10 oder 15 »motorisierten und mechanisierten« Gold-
suchern am Lemmenjoki.

Ärrälä ist unermüdlich. Wenigstens in der Erinne-
rung soll diese spezielle Kultur weiterleben.

Knapp zwei Prozent der Finnen sind Sámi. Die Ureinwohner Finnlands. »Sámi« oder »Saami«. Früher nannte man sie abschätzig »Lappen«, ein von ihnen als ähnlich erniedrigend empfundener Ausdruck wie »Eskimo« für »Inuit«. Spricht man heute von »Lappländern«, so ist die gesamte Bewohnerschaft Lapplands, also des nördlichen Finnlands gemeint, unabhängig von der Abstammung.

In Finnland leben drei Sámi-Völker, die Inari-Sámi, die Nord-Sámi, die zahlreichsten unter ihnen, und als kleinste Gruppe die Skolt-Sámi. Und alle sprechen eine jeweils unterschiedliche sámische Sprache. In Lappland sind viele Hinweisschilder und fast alle Ortsnamen zweisprachig, finnisch und sámisch, aber das gilt erst seit den 1980er Jahren, und auch nicht in ganz Lappland, sondern laut Sprachengesetz nur in Sápmi, in den vier nördlichsten Gemeinden, dem Land der Sámi. Die meisten Schilder hat man aber nur auf Nord-Sámisch geschrieben. Aktivisten fordern Schilder auch auf Inari-Sámisch und Skolt-Sámisch.

Die Sámi und andere nördliche Völker waren die einzigen, die in den weiten und unwirtlichen arktischen Gegenden der Welt und Europas lebten, bis diese Landschaften aus unterschiedlichen Gründen auch für andere interessant wurden – erst großflächig für Pelzhändler, dann durch die dort lagernden Bodenschätze wie Öl und Gas, aber auch viele seltene Mineralien für Staaten und Konzerne. Wem gehört nun das Land?

Die Sámi sind ein Volk, sie verstehen sich als Nation, die in Norwegen, Schweden, Finnland und Russland wohnt. Ihr eigenes Gebiet nennen sie Sápmi. Die Einführung von Ländergrenzen seit dem 13. Jahrhundert war im Grunde verheerend für ihre Lebenswelt und Kultur. Sie waren nomadisierende Rentierhalter. Die Sámi, die vorher mit den wandernden Tieren zogen, wurden nun gezwungen, Ländergrenzen zu »respektieren«. Sie wurden plötzlich Norweger oder Finnen, Schweden oder Russen.

Es ist nicht ganz einfach zu sagen, wie viele Sámi es heute noch gibt. Was macht den Menschen zum Sámi? Die Abstammung? Die Sprache? Es gibt keine äußeren Merkmale, durch die Sámi erkennbar wären, außer durch ihre Kleidung. Die Gruppen sind allein durch ihre traditionelle Kleidung unterscheidbar, die Sámikleidung aus schwerer, dichter blauer Wolle mit verschiedenen Schmuckelementen, mit breitem, oft reich verziertem Gürtel, der auch »Mitteilungen« enthält, z. B. darüber, ob der Betreffende verheiratet ist oder nicht. Heute wird sie eher als Festtagskleidung getragen.

Zum Kulturgut der Sámi gehört der Joik, ein Gesang, der vieles sein kann: Lobpreisung, Ehre, kleine

Alltagsgeschichte, Freudenlied oder Trauergesang. Oft wird er zur Trommel gesungen, ein Instrument mit jahrtausendealter Tradition, die Instrumente bemalt mit mythischen Zeichnungen von Menschen, Rentieren und Elchen, mit Symbolen und Zeichen, die teils noch auf ihre Entschlüsselung warten.

Mehrfach wurden die Lebenswelten der Sámi revolutioniert, durch die radikale Christianisierung, durch die geänderten Ländergrenzen, dann durch den Zweiten Weltkrieg, danach durch die Unterdrückung ihrer Kultur durch Gesetzgebung und Schulwesen und später durch die technischen Entwicklungen wie den Motorschlitten.

Die Sámi erlebten zum Teil das Gleiche, was Indianer in Amerika oder Inuit in Kanada erleben mussten. Auch der Umgang Finnlands mit ihren Sámi war mindestens in Teilen kolonialistisch mit rassistischen Untertönen. Es war ihnen verboten, die eigene Sprache zu sprechen. Sie durften nicht mehr ihre Trachten tragen. Man zwang die Sámi, ihre Volkskultur, die naturreligiösen Elemente wie den Schamanismus völlig zu verleugnen oder abzulegen. Kultgegenstände wurden zerstört, Trommeln verbrannt und Schamanen misshandelt und sogar getötet. (Die Schamanen waren weise Männer und Frauen, Vermittler zu Geisteswelten, mit denen sie in oft ekstatischen Ritualen Kontakt aufnehmen konnten, mit Tier-, Menschen- und Naturgeistern. Sie kannten Kraftorte, agierten als Priester und Philosophen. Gleichzeitig waren sie Ärzte und kannten sich mit Krankheiten und Heilpflanzen aus. Es ist zu vermuten, dass ein Teil der alten Volkskulturen und auch der Schamanismus »im Untergrund« hat weiterleben können, heimlich weiterpraktiziert wurde und vielleicht heute noch praktiziert wird.)

Die Sámi leben traditionell von den Rentieren, von der Jagd und vom Fischen in Seen und Flüssen. Die Rentiere laufen frei, sie werden nur zweimal im Jahr zu den großen »Rentierscheiden« zusammengetrieben, wenn die Kälber markiert und die Schlachttiere ausgewählt werden. Diese Tradition halten die Rentierzüchter bis heute. Im Sommer werden die Kälber, die bis zu einem Jahr immer nah bei der Mutter sind und so eindeutig zugeordnet werden können, markiert. Man schneidet ihnen Ohrmarken. Diese Ohrmarken sind eine Art Ausweis. Gute Rentierzüchter können 2000 bis 3000 verschiedene Marken unterscheiden und zuordnen. Und jeder hat seine eigene Ohrmarke, komplizierte und raffinierte Details, Einschnitte, Halbmonde, V-förmiges. Insgesamt soll es 10 000 geben. Und der geübte Rentierhirte erkennt sie bereits von weitem oder ›liest‹ die Marke mit den Fingern, wenn man das Rentier hält.

Heute sind alle Tiere auch im Rechner oder auf dem iPad erfasst, auch und vor allem wegen der zu entrichtenden Steuern. Je Tier ist eine pauschale Kopfsteuer für die Nutzung von Staatsbesitz zu entrichten. Lappland konnte noch so weit entfernt sein von der jeweiligen Hauptstadt, die Steuern ließ sich noch kein Staatssystem entgehen. Die ersten Steuerlisten für die Region um den Inari-See datieren auf 1569!

Wo man früher zu Fuß oder im Winter mit Skiern unterwegs war und die Herden, auch mit Hunden, zusammentrieb, werden längst Motorschlitten, auch Enduros und Quads verwendet, mit denen man durch die Wälder fährt und nach den Tieren sucht, sogar kleine Flugzeuge oder Hubschrauber können heute eingesetzt werden. Und nicht zu vergessen, auch die Abstimmung untereinander mit Funkgeräten und Handys erleichtert vieles.

Die Sámi haben eigene nationale Parlamente und ein gemeinsames länderübergreifendes, aber alle ohne direkte Rechte, ihre Funktion gegenüber der finnischen Zentralregierung bei Belangen der sámischen Minderheit ist lediglich beratend.

Inzwischen gibt es ein neues Selbstbewusstsein, ein Aufleben sámischer Kultur, nicht nur, aber auch für den Tourismus. Trotzdem wandern viele junge Leute in die Städte, in den Süden ab. Es gibt zu wenig und zu wenig interessante Arbeitsmöglichkeiten.

Die Lebenssituation der Sámi und Rentierzüchter ist ein absoluter Sonderfall in Europa. Und die Gesetzeslage ist zum Teil kurios. Pekka Aikio ist Sámi, Rentierzüchter und Biologe aus Lappland. Er hat u. a. an der Universität in Oulu gearbeitet, war von 1996 bis 2008 Präsident des finnischen Sámi-Parlaments und einige Jahre Vorsitzender des finnischen Rentierzuchtverbandes.

Bernd: Wer ist ein Sámi?

Pekka: Sámi gehören zu den Ureinwohnern dieses Landes. Die sámische und die finnische Sprache sind verwandt, aber Sámi haben eine eigene Sprache, bis heute. Leute, die selber Sámisch als Muttersprache haben oder von denen ein Elternteil oder einer der Großeltern Sámisch gesprochen hat, diese Leute sind Sámi. Es gibt neun oder zehn verschiedene sámische Sprachen in vier verschiedenen Ländern, und diese Länder sind Norwegen, Schweden, Finnland und Russland. Die nordische Sprache, die der Nord-Sámi, spricht man überall, auch in Schweden und Norwegen, das ist die Majoritätssprache, die zwei Drittel aller Sámi sprechen.

B: Wie sind überhaupt die sámischen Traditionen, was bedeutet es, Sámi zu sein?

P: Das bedeutet viel. Zum Beispiel die sehr nahe Verbindung mit der Natur. Wir verstehen die Natur und können in der Natur so leben, wie die Natur es erlaubt.

B: Wie viele Sámi gibt es in Finnland?

P: Heutzutage gibt es in Finnland etwa 10 000. Das Sámi-Gebiet ist so klein, die meisten leben außerhalb, haben studiert und arbeiten in gewöhnlichen Berufen und leben in den Städten wie Helsinki.

B: Ein Sámi, der in Helsinki lebt, besitzt der noch Rentiere?

P: Nein. Man darf Rentiere nur in der Gemeinde besitzen, in der man lebt, was sehr dumm ist, denn es gibt ja auch keine Gesetze, die sagen, wer Hunde besitzen darf!

B: Sind die Sámi in Finnland unterdrückt?

P: Ja, sind sie. Alle Rentierzüchter. Auch die Finnen. Sie sind in derselben Situation, alle.

B: Was bedeutet die Rentierzucht, die die Sámi schon seit Jahrtausenden betreiben, heute?

P: Die Rentierzucht ist die beste Methode, die Natur zu schützen.

B: Das sehen nicht alle so?

P: Der Staat sagt, man muss die Natur schützen und deswegen müsse man die Zahl der Rentiere begrenzen.

B: Wie viele Tiere darf ein Einzelner besitzen?

P: Ein Rentierzüchter kann 500 Tiere im Norden besitzen und weniger im südlichen Teil des Rentiergebietes. Das ist Gesetz! Um die Natur zu schützen.

Aber der Staat begrenzt andere Bereiche ja auch nicht, die Nahrungswirtschaft oder die Industrialisierung oder den Tourismus. Sagen sie einem Hotelier: »Du darfst nur 50 Gäste haben dieses Jahr«? Nein, das machen sie nicht.

B: Wie kam es zu diesen Gesetzen, die die Rechte der Rentierzüchter beschneiden?

P: Ich war einmal bei den Vereinten Nationen. Es waren viele Gruppen da, Indianer, Inuit, Sámi. In einem Komitee habe ich über Rentierzucht gesprochen und habe erzählt, dass der Staat die Höchstgrenze festgelegt hat. Und da sagt ein Advokat der Indianer aus Arizona: »Weißt du, warum die Regierungen immer die Ureinwohner in ihren Rechten beschneiden? Die Regierung und der Staat wollen nicht erlauben, dass Ureinwohner, dass die Urbevölkerung gutes Geld machen kann.« Ich habe viel darüber nachgedacht und das stimmt. Wir sollen arm sein!

B: Die sámische Tradition der Rentierzucht begründet in deinen Augen auch Besitzverhältnisse.

P: Das Rentier und die Rentierzucht hat uns das Recht am Land gegeben. Am Land und am Wasser. Der finnische Staat wollte dieses Recht wegradieren. Heutzutage haben Rentierzüchter keine formellen Rechte am Land. Man sagt, Rentierzüchter haben Rentiere und züchten Rentiere auf dem Land, das dem Staat gehört und seinen Behörden. Aber die Sámi sagen: »Nein, das ist immer unser Land gewesen.«

B: Was sind die Zukunftsträume von jungen Sámi?

P: Heutzutage wollen junge Sámi in Sápmi, im Sámi-Land, leben, und sie sind sehr stolz auf ihre Kultur. Sie wollen die Sprache beherrschen und wollen zeigen: Wir sind Sámi! Sie sprechen Sámi und sie singen, joiken. Aber sie studieren auch alles Mögliche und sind gut ausgebildet und arbeiten wie die anderen. Aber viele wollen zurück zu ihren Dörfern kommen.

B: Arbeitest du noch gern mit Rentieren?

P: Ja, das macht glücklich. Ich will, ich muss im Sommer immer auf dem Berg sein oder im Wald und die Rentierherde sehen. Und die jungen Kälber. Und dann schneiden wir die Ohrmarken, und das ist eine glückliche Zeit.

2014 scheiterte Pekka Aikio als Kandidat der Grünen knapp am Einzug ins europäische Parlament.

⌣ Aus meinem Reisetagebuch XXI ⌣

Das nordöstlichste Bier der EU

Mein zweiter Morgen am Lemmenjoki. Gestern war ich auf Bootstour mit Juha. Ich ging noch mal auf ein leckeres Frühstück in »Großmutters Stube« und verabschiedete mich von Margetta und Johanna. Vom Lemmenjoki aus fuhr ich Richtung Inari, dann weiter nach Utsjoki, dem Grenzort zu Norwegen, und dann rechts ab nach Nuorgam, entlang des Tenojoki. Nuorgam ist der nördlichste Punkt meiner Reise. Der nördlichste Ort der Europäischen Union. Hier gibt es den nördlichsten Zeltplatz und den nördlichsten Baumarkt sowie den zweitnördlichsten Baumarkt und natürlich auch zwei Supermärkte. Und einen Alko, einen der staatlich lizensierten Shops, in denen Alkohol mit mehr als 4,7 % verkauft werden darf. Erstaunlich für ein Dorf mit 250 Einwohnern. Aber hier kauft der Norweger, weil es bei ihm noch teurer ist. Die Preise in den Baumärkten und in den Supermärkten sind gepfeffert. Meine finnischen Gummistiefel, die in Rovaniemi 35 Euro kosteten und in Kilpisjärvi schon 55 Euro, wurden hier für 75 Euro angeboten.

In Nuorgam gibt es das »Staalonpesä« (*staalo* – Wesen sámischer Mythologie, *pesä* – Nest), oder auf Sámisch »Stallos' Hi«, eine Mischung aus Pizzeria, Ravintola (Restaurant) und Pub. Das Haus hat die Hausnummer 970 mitten in Nuorgam, schon etwas östlich aus dem Zentrum raus auf der Straße Nuorgamintie von Utsjoki über Nuorgam nach Norwegen Richtung Kirkenes. Nuorgam selber hat die höchste Postleitzahl des Landes – 99990.

Harri ist erst seit Frühjahr 2013 Pächter des Staalonpesä, zusammen mit seinem Partner Risto. Ihre Saison geht bis August, dann schließen sie über Winter. Für mindestens ein halbes Jahr geschlossen ab August! Das Publikum ist gemischt, trotzdem ist der einzige Pub des Ortes der wichtigste Anziehungspunkt für die »Jugend« von Nuorgam.

Aber dies ist nur das zweitnördlichste Restaurant. Wenige Meter weiter liegt mit Hausnummer 4401 das »Nuorgamin Lomakeskus«, das Feriendorf Nuorgam. »Klein, aber fein«, wie die Werbung verspricht. Was die Anlage dann auch einlöst. Am Eingang zum Feriendorf, an der Straße, liegt das Café-Restaurant »Suvanto«, mit regionalen Spezialitäten, und das ist jetzt definitiv das nördlichste Restaurant der EU.

Auf dem Gelände gibt es Ferienwohnungen, *mökkis* und den Campingplatz für Zelt oder Wohnmobil. Die eigentliche Attraktion ist der Fluss, der hier direkt hinter den Häusern verläuft und der auch die Grenze zu Norwegen ist. Das Ufer liegt voller Boote für Angler, mit Bootsauslegern als Angelhaltern. »Deatnu« heißt der Fluss auf Sámisch, »großer Fluss«, Tenojoki auf Finnisch und »Tanaelva« auf Norwegisch. Eines der beliebtesten Lachs-Gewässer Finnlands. Am Ufer unterhalb des Feriendorfes steht ein altes Holzgerüst mit Fischwaage. Mehrere Grillplätze ziehen sich am Ufer entlang. Idylle pur, selbst bei Regen und Nebel.

Richtung Süden erhebt sich ein Hügel. Und an einem besonderen Tag zu Jahresanfang besteigen ihn die Schul-und Kindergartenkinder und sehen dann nach den langen Nächten das erste Mal im Jahr wieder einen Sonnenstrahl am Horizont aufblitzen.

Das Leben an der Nordspitze Finnlands hat seine Besonderheiten. Der nächste Geldautomat steht in Inari – 160 Kilometer entfernt. Für manche Fachärzte muss man bis Rovaniemi fahren.

Im Restaurant beschreiben mir die Menschen das Leben vor Ort: »Schau dich um! Hier sind keine Felder, kein Roggen, keine Wälder. Die Menschen sind Rentierhirten. Und sie fischen. Vitamine kriegen wir, wenn wir Beeren essen. Schwarzbeeren, Blaubeeren, Moltebeeren. Wir essen hier übrigens keine Pilze. Pilze waren für viele Tierfutter. Rentiere essen Pilze. Also aß man die nicht.« Sie lachen. »Manche von den Älteren haben diese Angewohnheit. Die essen bis heute keine Pilze!«

Das leuchtende Geweih

Wieder kam Finnland mit einer kuriosen Meldung in die Zeitungen – und alle berichteten, ausnahmslos, von den leuchtenden Geweihen in Lappland.

Ich habe auf Fahrten durch Lappland an vielen Tagen weitaus mehr Rentiere getroffen als Menschen. Im Sommer sind die auch nicht zu übersehen. Aber besonders im Dämmerlicht sind die Tiere nur schwer zu erkennen. Wenn die dunkleren Jahreszeiten anbrechen, dann wird es haarig, und es kommt zu vielen Wildunfällen, jedes Jahr wieder. Mit Elchen sind sie oft tödlich, und zwar für den Fahrer, denn das massive Tier sieht keinen Grund nachzugeben. Der Elch ist der König, und sein Weibchen ist die Königin. Da müssen schon andere weichen. Wenn man in das Tier reinfährt, kippt es auf die Motorhaube und meist in die Windschutzscheibe, und da hilft dem Fahrer dann auch kein Airbag mehr. Anders ist es mit den Rentieren. Die jährlich etwa 3000 bis 5000 Unfälle verlaufen für die Tiere meistens tödlich. Ärgerlich ist jeder Unfall. Für den Rentierzüchter geht es dabei auch um den Ertrag. Schon lange wurde nach Lösungen gesucht.

Die Idee der Finnen ist, inspiriert aus Kanada, einfach das Tier mit Leuchtfarbe zu besprühen, genauer – sein Geweih! Erst mal waren es im Februar 2014 ganze zwanzig Tiere im Gatter in Rovaniemi, an denen die »Reindeer Herders' Association« zwei verschiedene Sprays austestete, ein Spray fürs Fell, eines fürs Geweih, Letzteres der Favorit, weil dort die Farbe länger hält. Mit Schlagzeilen wie »Lappland leuchtet« berichtete der Blätterwald.

Wie der Versuch ausgeht, wird in der Weltpresse zu verfolgen sein. Weitere Versuchsreihen sollen sich anschließen. Was aber Luchs und Wolf wohl sagen, wenn das Abendessen als lebende Lichtskulptur durch das Unterholz stelzt? Werden die Raubtiere sich vor den leuchtenden Geweihen fürchten wie Shir Khan sich vor Moglis Feuer? Oder wird der Wolf sich sagen: »Schau, da läuft mein Abendbrot, beleuchtet wie der Weihnachtsbaum mit Kerzen!«?

Der Deutsche Jagdverband wird die Idee jedenfalls nicht übernehmen. Dort hieß es, Rentiere seien halbzahm: »Ein Reh hat eine Fluchtdistanz von 200 Metern, da kommt man zum Sprayen gar nicht erst ran.«

~~~ Aus meinem Reisetagebuch XXII ~~~

Mit den Lachsen schwimmen

Ich machte einen kleinen Bogen auf der norwegischen Küstenstraße Richtung Osten und bog bei Neiden wieder Richtung Finnland ab. Im Näätämöjoki sah ich zum ersten Mal Lachse springen. Das wollte ich fotografieren. Aber ich hatte nie an einer Konsole gespielt. Mein Daumen war zu langsam. Ich trainierte auf einem Felsblock im Näätämöjoki. Der Wind frischte auf, die Lachse sprangen. Ein Lachs sprang in meiner Nähe, glitschte auf die Felsen und spritzte mir Wasser ins Gesicht. Ich fühlte mich zum zweiten Mal in meinem Leben getauft. Ich übte weiter. Nach anderthalb Stunden war ich so weit, inzwischen steif geweht und mehrfach fast vom Felsblock gepustet. Ich sah den Fisch springen, drückte ab und hatte ihn! Ich war jetzt Fischfotograf.

Dann hatte ich irgendwann genug Lachse gesehen. Der Elch ließ weiter auf sich warten. Na gut, bis Helsinki hatte er noch Zeit.

Ab hier begann die Rückreise. Ich kam zum Ufer des Inari-Sees und fuhr an diesem geheimnisvollen See entlang, der unter deutschen Cineasten legendär ist durch die melancholische Komödie »Zugvögel – Der Weg nach Inari«.

Ich besuchte eine Freundin in Ivalo. Lilja. 82 Jahre alt. Jeden Morgen geht sie im Ivalojoki schwimmen. Ich stand auf dem Steg und schaute ihr zu. Im Winter, wenn der Fluss zufriert, schlägt sie noch ein paar Tage lang das dünne Eis kaputt. Der Fluss hat jetzt, im August, eine Temperatur, dass ich glaubte, sie müsse morgen damit beginnen.

»Und du?«, riss mich Lilja aus meinen Gedanken. Was blieb mir übrig? Zwei Minuten später prustete ich im Ivalojoki und fühlte mich zum zweiten Mal auf dieser Reise finnisch getauft.

»*Der Mond ist die Sonne der jungen Männer.*«

(Finnisches Sprichwort)

Watercross und Flying Finns
Finnen und Rekorde

Watercross

Ich saß in Ivalo an der Theke. Es war 23 Uhr, draußen also taghell. Ich war in der Bar des Hotels »Kulta hippu«, an der zentralen Kreuzung, direkt an der Brücke über den Ivalojoki. Jemand bestellte einen Weißwein, und ich dachte: »Gute Idee.« Ich sah, wie er bezahlte. Und dann, wie viel! Und ich dachte an die Worte von Konfusion, dem großen ostwestfälischen Weisen: »Man sollte sich nicht jede Idee leisten wollen, sondern erst sehen, ob man sie sich auch leisten kann.« Sich betrinken ist in Finnland immer noch eine teure Angelegenheit.

Der Riesling kostete 6,20 Euro pro 0,1 Liter, 12,40 Euro pro 0,2 Liter, ich blieb bei Bier. Mir fiel auf, dass hier kaum noch einer ein Portemonnaie mit sich trägt, jede Kleinigkeit, und wenn es die Streichhölzer sind, wird mit »Karte« bezahlt, die meist in der Handyhülle steckt. Von wegen »Mindestsummen«. Und da jeder ein Handy hat, gibt es keine öffentlichen Telefonzellen mehr. Mindestens bei Regen fand ich die immer praktisch. Das hatte ich grad noch am Nachmittag gedacht, als mich ein Schauer überraschte.

Eine junge, sportliche und sehr gut gelaunte Frau setzte sich neben mich und bestellte etwas Rotes. Es war jedenfalls kein Wein. Preis unter fünf Euro.

Ich fragte, ob ich sie was fragen dürfe.

Gerne, sagte sie. Jasmina hieß sie. Eine junge Sámin, Studentin, und arbeitete hier im Pub des Hotels in den Sommermonaten. Sie lachte, als ich sie nach dem finnischen Rollator fragte, den ich am Nachmittag erstmals gesehen habe. Wieso mich der interessieren würde, fragte sie, so alt sei ich doch noch gar nicht.

Und dann erzählte sie, es gäbe die auch motorisiert. Wirklich schnell, mit Gaspedal. Ich fragte nach finnischen Besonderheiten, und sie erzählte vom Swamp wrestling, *suopaini*, Sumpfcatchen, und vom Sumpffußball, *suopotkupallo*.

»Wir machen viel im Sumpf.« Sie lachte schon wieder.

»Ich meine eher Besonderheiten von Ivalo«, hakte ich nach.

Sie dachte kurz nach. Dann strahlte sie: »Watercross!«

»Was ist das?«

»Da fährt man mit Schneemobilen auf dem Wasser. Um die Wette!«

»Wie geht das denn?«

»Naja, es geht.«

Und sie erzählte von den Wettbewerben der überwiegend männlichen Jugend und der jungen Männer, die an ihren Snowmobilen schrauben, um sie schnell zu machen, und die dann auf Schneekufen, mit heulenden Motoren, bei höchsten Umdrehungszahlen vom Ufer aus aufs Wasser donnern und mit hoher Geschwindigkeit wie Wasserskiläufer über Seen und Flüsse gleiten. »*Vesicrossi*« auf Finnisch. Das Pendant zum Motocross an Land. Das sei hier ein ganz großes Ding im Sommer, sagte sie.

»Und wenn die sinken?«, fragte ich.

»Wenn die sinken, sinken sie schnell«, lachte sie wieder.

Dann schauten wir auf ihrem iPhone Filme von den Wettbewerben der letzten Jahre. »Ivalo Watercross Race Part 1« und »Watercross Hypyt«, Sprünge über eine Wasserrampe, mit z. T. spektakulären Stürzen, aber auch elegantesten Landungen. Sogar ein Sprung von einer Staustufe ist zu finden! Crazy Finns! Wer nie auf so einem Scooter saß, kann sich das nicht vorstellen. Warum James Bond diese Disziplin noch nicht entdeckt hat, ist mir ein Rätsel.

In anderen Videos sah ich den Bergungsvorgang. Man hatte eine eigene Schwimmplattform gebaut, eine Art Katamaran, also zwei Bootsrümpfe mit Zwischenraum, darüber ein kleiner Hebekran, mit dem man genau über den Scooter fährt und ihn dann zwischen den zwei Schwimmelementen bzw. Rumpfelementen hochzieht.

Hier in Ivalo würde in zwei Wochen wieder ein großer Wettbewerb sein, erzählte Jasmina. Ob ich nicht kommen wolle. In zwei Wochen musste ich – leider – in Helsinki sein.

Auf mein Stichwort »Helsinki« erzählte Jasmina von den Südfinnen, die oft immer noch glauben würden, in Lappland würden die Menschen auf Rentieren reiten statt Auto zu fahren. »Manche glauben, wir wohnen hier im Iglu.« Sie gluckste.»Auch im Sommer!«

Ob sie als Sámin auch Rentiere besäße.

»Natürlich!«

Wie viele denn, wollte ich wissen, obwohl ich wisse, dass man so etwas nicht fragen solle.

Fünfzehn, schätzte sie. Das wisse man aber erst genau, wenn bei der Sommerscheide die neuen Kälber gezählt werden können. Man wisse nie, wie viele geboren werden, wie viele auch tatsächlich überleben.

Ob sie eine eigene Ohrmarke für die Tiere habe. Sie schaut mich an, als hätte ich gefragt: »Stehen im Wald Bäume?«

Ich schaute kurz unter mich. Ob sie mir die aufmalen könne.

Ohne zu zögern schnappte sie sich meinen Stift und mein Notizbuch. Sie zeichnete ein ovales Ohr, mit zwei V-Kerben oben, der obere linke »Strich«

verlängert war der Anfangspunkt für einen Bogen nach links am unteren Rand, an den sich noch ein kleines V anschloss. Jasmina, Sámin und »Reindeerherder«. Beeindruckend. Jetzt musste ich nur noch herausbekommen, was das für ein rotes Zeug war, von dem sie die ganze Zeit trank und das weniger kostete als mein Bier.

Fliegende Finnen

Als sich der Fußballverein Bayer Leverkusen im Frühjahr 2014, also noch weit vor Ende der Saison, von seinem ehemaligen Weltklassespieler und nun Trainer Sami Hyppiä trennte, kommentierte eine deutsche Zeitung zynisch unter der Überschrift »Fliegender Finne«. Das war bis zu diesem Zeitpunkt ein reiner Ehrentitel: *lentävä suomalainen*. Man hatte damit die erfolgreichen finnischen Mittel- und Langstreckenläufer benannt.

Der Erste, der diesen Spitznamen trug, war Hannes Kolehmainen. 1912 gewann der Langstreckenläufer dreimal Gold und einmal Silber bei den Olympischen Spielen in Stockholm: über 5 000 Meter, 10 000 Meter, im Geländelauf und in der Geländelauf-Mannschaftswertung. Kolehmainen, der zusätzlich noch den Spitznamen »Smiling Hannes« hatte, war damit der dominierende Sportler dieser Spiele.

Zu den Olympischen Spielen in Stockholm – die Amerikaner waren übrigens mit dem Transatlantik-Passagierdampfer »Finland« angereist – gab es erhebliche politische Proteste. Österreich protestierte gegen die Teilnahme einer eigenständigen Mannschaft aus Böhmen, Russland protestierte gegen die eigenständige Teilnahme Finnlands. (Finnland gehörte zu diesem Zeitpunkt noch offiziell als Großherzogtum zum russischen Reich.) Das IOC beugte sich dem Druck und verfügte als Kompromiss, dass beide Länder, Böhmen und Finnland, ein kleineres Länderschild führen und auf ihre Flaggen verzichten mussten. Und sie hatten direkt je hinter den Mannschaften Österreichs bzw. Russlands einzumarschieren.

Finnland belegte im Medaillenspiegel Platz 4 von 18 Nationen. Die Finnen errangen 9 Goldmedaillen, achtmal Silber und neunmal Bronze. Russland nicht einmal Gold, nur zweimal Silber, drei Bronze!

Die nächsten »fliegenden Finnen« wurden Paavo Nurmi, die vielleicht bekannteste finnische Läuferlegende, und Ville Ritola. Bei der Sommerolympiade 1920 in Belgien gewann Nurmi drei Goldmedaillen, bei den Spielen 1924 in Paris sogar fünf. Ville Ritola – der nach Amerika emigriert war und nie an nationalen finnischen Meisterschaften teilgenommen hat, aber zahlreiche amerikanische dominierte (er kehrte erst 1971 nach Finnland zurück) – holte in Paris viermal Gold und zweimal Silber, die Mannschaftswettbewerbe bestritt er zusammen mit Nurmi. Eine unglaubliche Dominanz der Finnen auf den Laufstrecken zu jener Zeit!

Weitere erfolgreiche Athleten folgten ihnen nach, aber diese absolute finnische Dominanz war nicht weiter aufrechtzuerhalten. Erst bei den Olympischen

Spielen in München 1972 und Montreal 1976 war es dann Lasse Virén, der wieder zum »fliegenden Finnen« wurde.

Ab den 1960er Jahren wurde der Begriff auch für Sportler anderer Disziplinen benutzt, besonders im Motorsport: Für den Motorradfahrer Jarno Saarinen, der das »Hangoff« entwickelte und perfektionierte (in den Kurven seitlich am Motorrad zu hängen, mit dem Knie nah am Boden. Für seine Zeit fuhr er atemberaubende Schräglagen. 1973 verunglückte er in Monza tödlich), für den Motocrossfahrer Heikki Mikkola in den 1970ern, später für Mika Kallio und Mauno Hermunen im Motorradrennsport, und Juha Salminen, den zwölfmaligen Enduro-Weltmeister.

Der erste Rennfahrer in der Formel 1, der diesen Ehrentitel trug, war Leo Kinnunen. Er trug diesen Ehrentitel auf seinem Helm, als er mit Partner Pedro Rodríguez 1970 die Sportwagen-Markenweltmeisterschaft mit einem Porsche gewann. Er war ein typischer Finne, ein Einzelgänger. Er weigerte sich sogar, das im Rennsport unverzichtbare Englisch zu lernen. In der Formel 1 blieb er erfolglos.

Es folgten im Ralleysport Mika Salo und die Rennfahrer Mika Häkkinnen, Keke Rosberg und Kimi Räikkönen, allesamt Formel-1-Weltmeister. Auch als 2013 Valtteri Bottas in der Formel 1 debütierte, fragte die Fachpresse: »Ein neuer fliegender Finne?« Das war aber eigentlich aktuell Speedway-Weltmeister Joonas Kylmäkorpi!

Weitere »fliegende Finnen« waren der Ruderer Pertti Karppinen, der langjährige Rivale des deutschen Ruderes Peter-Michael Kolbe (es gab fast historische Duelle zwischen beiden, Karppinen gewann allein dreimal Gold bei Olympischen Spielen im Einer, fuhr dazu etliche Siege und Platzierungen bei Weltmeisterschaften ein). Natürlich ist das ein fliegender Finne, auch wenn er übers Wasser gleitet! Folgerichtig wurde daher ebenfalls der Speedbootfahrer und Weltmeister Sami Seliö zu einem »Flying Finn«, man ehrte mit dem Titel aber auch Speedski-Fahrer, Eishockey-Spieler und Snowmobil-Rennfahrer.

Aber die wahren »fliegenden Finnen« sind (zumindest für mich) die Skispringer Matti Nykänen und Janne Ahonen! Beide sind finnische Idole. Überragende Athleten mit zahlreichen Olympiasiegen und Weltmeistertiteln. Nykänen strauchelte im Leben und machte sich mit verschiedenen Delikten immer wieder strafbar. 2008 in Taivalkoski aber gewann er einen weiteren und vielleicht letzten Weltmeistertitel, bei den »Veteranen«, in der Klasse der 40- bis 44-Jährigen. Und niemand trat so oft von Rücktritten zurück wie Janne Ahonen. Er startete 37-jährig im Februar 2014 bei der Winterolympiade in Sotchi und kam in beiden Einzelwettbewerben jeweils unter die ersten 30, mit der Mannschaft unter die ersten 10.

Die Finnen sind ein kleines Volk. Darum sind sie stolz, wenn von diesen wenigen Finnen einige sehr erfolgreich im Sport sind. Sie sind leise stolz, denn Finnen sind keine Angeber. Aber im Stillen freuen sie sich dann doch. Besonders, wenn sie auch noch die allerbesten sind. Also Weltmeister.

Sehr erfolgreich und erfinderisch sind die Finnen vor allem in den Grenzbereichen zwischen Spiel und Sport. Hier haben sie einige sehr ungewöhnliche Sportarten und Spiele erdacht, zum Beispiel *mölkky*. Ein finnisches Outdoor-Spiel, bei dem man geschickt werfen können muss. Zwölf Hölzer, durchnummeriert, müssen mit einem Wurfholz so umgeworfen werden, dass man exakt 50 Punkte erreicht. Wirft man mehr, wird man wieder auf 25 zurückgesetzt. Die *mölkky*-WM findet natürlich in Finnland statt, jährlich, in Lahti. Und *mölkky*-Spieler wünschen sich gern in Star-Wars-Tradition gegenseitig: »Möge das Holz mit euch sein!«

Wenn die internationale Presse von den verrücktesten Wettbewerben jährlich berichtet, sind die Finnen immer dabei – auch das ein Zeichen für ihren Witz und Humor und auch für ihren Ehrgeiz. Die Gummistiefelweitwurf-Weltmeisterschaft gibt es seit 1992, die Ursprünge sollen jedoch weit früher liegen. Ob die Firma Nokia sie mit initiiert hat, weiß man nicht mehr genau, aber Nokia war lange führend in der Produktion von Gummistiefeln. Männer werfen mit Stiefeln Größe 43, Frauen mit Größe 38. Die Weltrekorde werden natürlich von Finnen gehalten: bei den Männern von Antti Ruusuvirta – er warf den Stiefel im Jahre 2012 auf 68,03 Meter, bei den Frauen von Elina Uustalo – sie erzielte 2008 49,35 Meter.

Da wir gerade von Nokia sprachen: Es gibt auch eine WM im Handy-Weitwurf (mit Akku!). Und wieder weiß man nicht, ob Nokia beim Erfinden involviert war.

Es gibt die Weltmeisterschaften im Frauentragen (Mindestgewicht 49 Kilo, dabei muss ein 250 Meter langer Parcours auf einem gemischten Boden, Sand, Wasser, Gras, Asphalt, bewältigt werden), sie findet jährlich in Sonkajärvi statt. Ideengeber ist eine Legende aus dem 19. Jahrhundert: Der Bösewicht Ronkainen hielt nicht um die Hand der Angebeteten an, sondern warf sie sich über die Schulter und rannte mit ihr davon.

In Hyrynsalmi findet alljährlich die WM im Schlammfußball statt. In Pelkosenniemi gibt es eine im Mückenerschlagen. 1995 kam der Rekord des Finnen Henri Pellonpää – 21 Mücken in 5 Minuten – sogar ins Guinness-Buch der Rekorde. Es gibt eine WM im Beerenpflücken, eine im Eiswasserschwimmen und eine im Tretschlittenfahren (in Multia) und eine im Auf-einem-Ameisenhaufen-Sitzen.

All das sind Spaßwettbewerbe, mit denen die jeweilige Gemeinde die von Andy Warhol apostrophierten »15 Minuten Ruhm« bekommt, eine Nennung in den Medien, oft weltumspannend und im besten Falle so imageträchtig, dass der Tourismus dadurch boomt wie in Oulu, bei der die Teilnehmer der Luftgitarren-Weltmeisterschaft inzwischen jährlich vom Bürgermeister ins Rathaus zum Empfang eingeladen werden. Auf Plakaten steht »Welcome to Oulu – the world capital of Air Guitar«. Ausgefeilte Choreographien sind am Start, und nur eins ist hier verboten: echte Gitarren. 2011 gewann eine Deutsche, Aline Westphal, unter ihrem Künstlernamen »The Devil's Niece«, die Nichte des Teufels. An der Universität Hildesheim gab es dazu das Seminar »Medienästhetische Überlegungen zur Luftgitarre«.

Natürlich haben die Meisterschaften auch immer mit der Leidenschaft der Finnen zu tun. Finnland ist z. B. eine Tango Nation. Die Finnen spielen eine Variation, die sich vom argentinischen Tango unterscheidet, herzzerreißend melancholisch und dynamisch, mit dem Akkordeon als Hauptinstrument. Der Regisseur Aki Kaurismäki bezeichnet den Tango sogar als Finnlands Nationalmusik. In Seinäjoki findet daher jedes Jahr ein Tangofestival statt, auf dem die Tangokönigin oder der Tangokönig gewählt wird. Gewertet werden nicht die Tänzer, sondern die Interpreten dieser wunderbaren Musik, und der Sieg begründet oft eine Karriere als Schlager- und Tango-sänger in Finnland. Die Weltmeisterschaft für die Tänzer aber ist die Schneetango-Weltmeisterschaft, *lumitango*, und die findet jährlich in Tampere statt, auf schneebedecktem Straßenpflaster.

Selbst am Lemmenjoki, in der Einsamkeit und Abgeschiedenheit des Goldgräbercamps, gibt es eine Weltmeisterschaft. Der »Sludge Pool Swimming World Cup«, der Schlammbecken-Schwimmweltcup. Dabei müssen die Teilnehmer ein rechteckiges, mit eisigem Wasser gefülltes Wasserbecken oder besser Erdloch durchqueren. Wer als Erster das gegenüber-liegende Ufer erreicht hat, ist Sieger. Es gibt Katego-rien für Männer, Frauen und Kinder. Im Männer-wettbewerb gibt es einen Wettbewerb für Schwimmer und einen für Nichtschwimmer. Es schließt sich noch ein Wettbewerb im Seilziehen an, natürlich über den »Sludge Pool« hinweg, die Verlierer fallen hinein. Im fünf Grad kalten Wasser soll angeblich eine Flasche »Feuerwasser« versteckt sein, aber die wurde in den letzten Jahren nicht gefunden. Eine Riesengaudi der Goldsucher untereinander, die sie natürlich mit ei-nem »Goldwasch-Wettbewerb« krönen.

Die vielleicht aufsehenerregendste Weltmeister-schaft findet sei 2011 nicht mehr statt. Die Sauna-WM war ein Spaßevent in Heinola, ein regelrechtes Volks-fest. Im Schwimmbad wurde der Wettbewerb in zwei Saunen auf einer Bühne ausgetragen, Kameras übertrugen die Bilder aus dem Inneren. Wurde in einer gesaunt, wurde die andere gelüftet. 110 Grad – alle 30 Sekunden ein Aufguss. Die Rekordzeit lag bei über 18 Minuten. Ab 2009 verwendete man andere Saunen, die Rekordzeiten lagen nun um die vier Minuten. Tragisch war das Ende des Wettbewerbs 2010: Der fünfmalige Sieger Timo Kaukonen und der Russe Wladimir Ladyschenski waren die letzte Paarung. Man kann davon ausgehen, dass auch die traditionelle Rivalität und »Feindschaft« zwischen Russen und Finnen dazu führte, dass keiner der beiden aufgeben wollte. Man hätte es wohl als nationale Schande empfunden, gegen das andere Land zu unterliegen. Dazu hatte sich der Russe mit Schmerzmitteln gedopt und starb noch in der Sauna, der Finne trug schwerste Verbrennungen und schwere bleibende Schäden davon. Der krankhafte Ehrgeiz beider und auch das Nichteingreifen der Veranstalter führten zum tragischen Ende einer Spaßveranstaltung, die seitdem nicht wieder durchgeführt wurde.

Der Jukola-Lauf

Der Jukola-Lauf ist einer der größten, wohl auch interessantesten, aber vor allem härtesten Orientierungsläufe der Welt. Und es ist der mit dem poetischsten Namen! Aleksis Kivis Roman »Die sieben

Brüder« hat die Ausrichter inspiriert und schlägt sich sowohl in der Anzahl der Läufer der Männermannschaft nieder wie auch im Namen. Im Roman leben die Brüder nämlich auf dem Jukola-Hof, nach ihm ist der Lauf benannt.

Der Jukola-Lauf ist ein Staffelwettbewerb. Vereinsmannschaften, aber auch Firmen oder Familien können sich beteiligen. Die Männerstaffeln bestehen aus sieben Läufern, im Frauenwettbewerb, *venla* genannt, treten vier je Mannschaft an. Die Distanzen bei den Damen betragen fünf bis acht Kilometer, bei den Männern sind es zwischen sieben und 15 Kilometern.

Die Frauen laufen tagsüber, die Herren starten samstags um 23 Uhr, die ersten Teams noch mit Stirnlampen, das Siegerteam kommt meist zwischen sechs und sieben Uhr morgens an. Im Hintergrund steht ein gewaltiger Aufwand an Logistik, fast alles wird durch ehrenamtliche Arbeit geleistet, und nie herrscht Mangel an Helfern. Ein Komitee des Vereins *Kaukametsäläiset*, die »Hinterwäldler«, vergibt die Ausrichtung an jeweils einen Bewerber, gewählt aus mehreren Aspiranten. Es gilt als Ehre, den Lauf ausrichten zu dürfen.

Der Jukola wurde 1949 begründet, seit 1951 laufen auch die Frauenmannschaften. 2012 kamen von 1685 Mannschaften 1378 ins Ziel. In der gesamten Geschichte des Jukola hat noch nie eine Mannschaft gewinnen können, die nicht aus Skandinavien kam.

Was kreucht und fleucht

Nach zwei Tagen reise ich weiter gen Süden. Ich nehme ab jetzt nur noch geteerte Straßen. Sodankylä, Kemijärvi, dann Richtung Kuusamo. Ich überquere den Polarkreis, diesmal in südlicher Richtung. Ich bin auf dem Rückweg. Zum Glück habe ich die Mücken abgehängt, seit Inari haben sie meine Verfolgung aufgegeben.

Finnland ist ein tolles Land für Phobiker, denn es gibt kaum Reptilien. Im Grunde genommen ist das Land beinahe reptilienfrei, denn es ist einfach zu kalt für diese Arten. Trotzdem kann man, ähnlich wie man in Afrika von den »big five« spricht (Elefant, Nashorn, Löwe, Leopard, Büffel), in Finnland von den »last five« sprechen, mehr haben es nicht bis hierher geschafft:

Es gibt eine einzige Eidechse, die Waldeidechse, »die sich aber von nichts abschrecken lässt«, so ein Reptilienexperte.

Es gibt die Blindschleiche, die gar keine Schlange ist, sondern eine Echsenart aus der Familie der Schleichen. Blind ist sie übrigens auch nicht.

Und dann sind da noch drei Schlangenarten, die harmlosen Ringel- und Schlingnattern und eine Giftschlange, die Kreuzotter. Ich habe selber an der Saimaa-Seenplatte eine sogenannte »schwarze Kreuzotter« gesehen, und wie mir vom Reptilienexperten versprochen war – »wenn überhaupt, sind die extrem scheu und hauen ab, sobald du kommst« –, flüchtete sie anstandslos und schnell. Überrascht war ich trotzdem. Es ist eben ein wildes Land! Schwarzgefärbte Kreuzottern kommen tatsächlich in den skandinavischen Ländern häufiger vor als in den anderen europäischen Regionen.

Nördlich des Polarkreises reduzieren sich die »last five« auf die »last two«, und selbst die gibt es dem Wissenschaftler zufolge nur noch in »winzigen Pioniervorkommen«: die Kreuzotter und die Waldeidechse. Für Reptilien ist es in diesen Breiten zu kalt, denn die meisten legen Eier, die sie nicht selber bebrüten, das lassen sie die Sonne machen. Nur noch die »Lebendgebärenden« kommen hier klar, und selbst die wenden teilweise Tricks an. Die Waldeidechse überlistet den kurzen nordischen Sommer und überwintert mit den sich im Körper entwickelnden Jungtieren, um sie dann erst im folgenden Frühjahr zu gebären. Bei der Kreuzotter wachsen die Jungtiere im Körper der Mutter in einer dünnen Eierschale heran.

Amphibien haben im Grunde in Finnland die gleichen Probleme. Auch hier gibt es so weit nördlich nur fünf verbliebene Arten: die Erdkröte, den Grasfrosch, den Moosfrosch, den Teichmolch und den Nördlichen Kammmolch. Die Molche, also die

»Schwanzlurche«, leben nur in Süd- und Mittelfinnland, die drei Froschlurcharten auch nördlich des Polarkreises.

Weiter nördlich »passen« dann die Amphibien und Reptilien komplett. Auf Grönland, auf Spitzbergen und Island gibt es keine mehr.

Fänger im Roggen

Ich fuhr durch Lappland Richtung Karelien. Stolz dachte ich daran, wie ich meine ersten Moltebeeren fand. Immer noch kreuzten Rentiere meinen Weg. Im Radio lief ein finnischer Sender, ohne dass ich ein Wort verstand. Bäume. Bäume. Lichtung. Bäume. Ein fast meditatives Fahren mit 65 km/h. Doch da, was war das?

Menschen an der Fahrbahn. Vier Männer in Gummistiefeln. Mit weißen Netzen, die sie, manche elegant, manche hektisch, in Kniehöhe durch die Luft sausen ließen. Ich bremste abrupt. Kein Problem, es war ja seit Stunden, vielleicht seit Tagen in Lapplands Einsamkeit kein Auto mehr hinter mir gefahren.

Ich stieg aus und näherte mich vorsichtig. Sie ließen sich nicht unterbrechen. Ihre Netze schwirrten durch die Luft, dann hielten sie inne, starrten hinein, wirkten enttäuscht und ließen sie erneut durch die

Luft fliegen, hielten wieder inne, starrten erneut und wischten weiter durch die Luft. Ich stand neben ihnen auf der Straße, aber sie liefen unbeirrt weiter im Graben, zwischen den Büschen umher und beachteten mich nicht. Nichts existierte für sie außer jeweils ihrem Netz. Straße wie Gegend waren menschenleer, nicht einmal ein Rentier weit und breit, man hätte mich wahrnehmen können, schon aus Höflichkeit. Aber hier gab es offensichtlich Wichtigeres als einen hergelaufenen Germanen. Kaum traute ich mich, sie anzusprechen.

»*Anteeksi*«, sagte ich schließlich. »Entschuldigung. Aber – was macht ihr da?«

»Wir sind Hobby-Biologen.«

»Aha.«

»Wir vier sind eine Woche mit dem Wohnmobil unterwegs und wir fahren durch ganz Finnland.«

»Und was macht ihr?«

»Wir suchen Wanzen.«

»Wanzen?«

»Sehr interessante Tiere, es gibt in Finnland allein über 500 Arten.«

»Echt?«

Sie nickten, d. h. zwei nickten, die anderen suchten längst weiter: Arto, Petri eins, Pekka und Petri zwei aus Savonlinna, Porvoo und Hamina bei Kotka, also alle aus dem »tiefen Süden«. Einer Ingenieur, ein anderer Biologielehrer, zwei Biologen, in unterschiedlichen Projekten tätig. Dies war ihre Freizeit. Es war der sechste, der vorletzte Tag ihrer Reise.

»Ich interessiere mich auch für Vögel.« Petri zwei flüsterte fast.

»Zufrieden?«

»Sehr«, sagte Petri zwei.

Sie hatten etwa 130 bis 150 verschiedene Wanzen auf dieser Reise gefunden, sie konnten unterwegs noch gar nicht alles auswerten. Da, ein kleiner Ausruf von Pekka neben mir. Er hatte eine! Beglückt schaute er in sein Netz. Sofort war ein Vergrößerungsglas zur Hand. So schnell zogen Westernhelden den Colt! Pekka zog das Glas schneller als sein eigener Schatten. Dann holte Petri zwei das Wanzenbestimmungsbuch heraus. Er blätterte – und zeigte auf ein Bild: Nysius thymi. Ich notierte das. Petri zwei reichte ihm eine Ansaugvorrichtung, mit der das kleine Tier vorsichtig erst in ein Röhrchen, dann in ein Glas bugsiert wurde.

Ich wünschte weiter viel Glück und verabschiedete mich. An der nächsten größeren Kreuzung bog ich ab in den nächsten Ort, aß und schaute im Internet nach Nysius thymi. Aus der Familie der Bodenwanzen, Lygaeidae. Sie leben »holarktisch«, also im nördlichen Teil der Welt, dem größten der Floren- und Faunenreiche. Ich las laut mit: »Die Art ist schwer von den anderen Arten der Gattung Nysius zu unterscheiden. Insbesondere Nysius ericae ist sehr ähnlich.

Beiden Arten fehlt der gut erkennbare dunkle Ring an der Basis des zweiten Fühlerglieds, und beide haben dunkle Flecken auf der Flügelmembrane. Am sichersten ist die Bestimmung bei den Männchen durch eine Genitaluntersuchung.« Genitaluntersuchung? Bei Tieren dieser Größe? Wir bräuchten ein Weltraumteleskop!

Ich las weiter: »Die Weibchen können anhand der Härchen auf den Adern der Flügel unterschieden werden, die kürzer sind als bei der ähnlichen Art.« Ich war beeindruckt von Fachkenntnis und wieder mal dem »Wahnsinn« der Finnen. Wanzen! Und ohne aufs Genital geschaut zu haben, jedenfalls ohne dass ich das bemerkt hätte, eindeutig bestimmt! Nysius thymi.

Ich fuhr weiter und war bald zurück auf der Hauptstraße. Ich schaute nach links. Etwa 500 Meter entfernt lag ein See. Im moorigen Land davor sah ich vier Männer mit Netzen. Arto, Petri eins, Petri zwei und Pekka. Ich hielt an, parkte neben ihrem Wohnmobil an der Straße, lehnte mich an mein Auto und sah diesem Tanz der Netze zu, einem Schauspiel von größter Ästhetik. Moderner Tanz irgendwie. Arto drehte sich um und sah mich, er winkte. Nun auch die anderen. Ich winkte zurück und wünschte still »Waidmannsheil« oder wie immer man das bei Wanzenjägern sagt.

Von Beeren und Bären

Die Beerenpflückweltmeisterschaft in Suomussalmi: Es gibt 150 Euro Preisgeld, und es wird in verschiedenen Kategorien gepflückt: Einzel, Mannschaft, Handpflücken. Eine Gaudi, wie so viele Weltmeisterschaften. Die besten Pflücker allerdings nehmen gar nicht teil. Die Erntekolonnen aus Thailand können sich das nicht leisten. Bei diesem geringen Preisgeld – und das auch nur für den Sieger – würden sie ihren Tagesumsatz verlieren. Diesen Verdienstausfall können sich die Saisonarbeiter aus Fernost nicht erlauben. Sie überlassen den Wettbewerb den Amateuren.

In den finnischen Wäldern, in den Taiga-Gebieten und Mooren wachsen alle Beerenarten und, vor allem im Norden, die seltene und sehr wertvolle Moltebeere. Die Ernte, wenn sie denn über den Hausgebrauch hinausgehen soll, ist mühsam.

Millionen Kilogramm müssen, wollen und können geerntet werden für Müsli und Marmelade, für Saft und Kraft. »Beeren sind Geld und Genuss, die auf dem Boden liegen, du musst sie nur aufheben«, sagt ein jüngeres unter den finnischen Sprichworten. Und wie der deutsche Spargelbauer Hundertschaften polnischer Erntehelfer einsetzt, so sind es in Finnland seit einigen Jahren Thailänder, die tief gebückt und mit Rechen und Plastikbottichen durch die Wälder ziehen.

Die Zahl der jährlich aus Asien nach Finnland einreisenden Erntehelfer soll schon die 3000 übersteigen. Die Berichte über ihre Arbeits- und Lebenssituation vor Ort sind zum Teil bedrückend und erschreckend. Sämtliche Kosten, Flug, Unterkunft, Verpflegung, müssen sie selber zahlen. Das Geld dafür leiht ihnen das Unternehmen, für das sie tätig sind. Aber zu horrenden Zinsen. Ärztliche Versorgung ist nicht gegeben, die Unterbringung menschenunwürdig, heißt es, und die Arbeitsumstände, gerade bei der Suche nach der seltenen Moltebeere in den Feuchtgebieten Lapplands, ist ein stetes Arbeiten in mückengeplagten Regionen.

Sie reisen als Touristen ins Land ein, arbeiten ohne Arbeitsvertrag und Arbeitnehmerrechte, ohne jede Versicherung. Finnische Unternehmen, die mit den Hilfskräften arbeiten, argumentieren, die Thailänder seien nicht bei ihnen angestellt, sondern würden im Rahmen des Jedermannsrechts auf eigene Rechnung Beeren pflücken und dann an die Unternehmen weiterverkaufen. Die Unternehmen seien also zu keinerlei Sozialleistung verpflichtet.

Das Unternehmen Kiantama bringt thailändische Pflücker in die Region Kainuu. Eine Unternehmenssprecherin sagte, es gäbe zwar Anzeichen von Rassismus, immer wieder würden sich Anwohner beschweren, die Helfer pflückten zu nah an den Häusern, also auf Privateigentum, das natürlich das Jedermannsrecht begrenzt, aber es gebe auch Zeichen für eine wachsende Akzeptanz bei den Finnen vor Ort. Allerdings muss sie doch ein altes Sprichwort zitieren: »Eine schlechte Glocke ist weiter zu hören als eine gute Glocke.«

In einer TV-Reportage über die Beerenpflückweltmeisterschaft klingt das launiger und gibt ein etwas anderes Bild. Immer wieder sind Fakten eingestreut, dramatisch klingt das nicht. Hart und entbehrungsreich schon. Manchmal aber auch für die Kamera geschönt. Einer der Arbeiter erklärt, durch das kühle Wetter in Finnland sei die Arbeit viel angenehmer als im heißen Thailand.

Es gebe drei Grundregeln, erklärt der Reporter etwas atemlos der Kamera: nicht zu nah an die Häuser, nicht zu nah an die russische Grenze und keine Panik bei Bär und Elch. Die Kolonnen sind monatelang in Mittelfinnland unterwegs. Morgens um 5 Uhr geht es los, sie arbeiten täglich 15 Stunden, und einige kommen seit Jahren.

Ein Kilo Beeren bringt 1,40 Euro. Dafür bücke sich kein Finne mehr, heißt es. Wer gesund bleibt und durchhält, verdient mit Glück in der Saison von Juni bis September 3000 Euro, davon zahlt er dann die Vermittlung, den Flug, die Unterkunft. Bei Krankheit bricht das System zusammen.

Vielleicht schildern einige der Berichte tatsächlich nur Einzelfälle. Aber selbst dann wären sie zu viel.

Das Prinzip der Schuldknechtschaft scheint immer weiter fortzuleben, und vorindustrielle Lebenswelten scheinen selbst in Europa für einige längst nicht überwunden.

Ostwestfälische Rauchzeichen

Kurz unterm Polarkreis folgte ich *mökki*-Schildern. Ich mietete eine Hütte am See. Die Sauna drin sei schon geheizt. »Wieso das?«, fragte ich. Die Gäste aus den anderen Häusern gingen dort lieber hinein als in die Elektrosaunas in ihren neuen, modernen *mökkis*. Aber nun sei es meins. Das Wetter war kühl und regnerisch. Ob sie mir im Haus auch Feuer anmachen sollten? Es sei kalt geworden. »Das schaffe ich schon«, sagte ich. Schließlich bin ich Ostwestfale, dachte ich. Auf dem Land groß geworden. Wir haben Kartoffelfeuer gemacht, Kartoffelkäfer drin verbrannt und Kartoffeln am Stock gebraten.

Drei Dinge braucht der Mann: Ofen, Brennholz, Streichhölzer. Minuten später stand Rauch in meinem *mökki*. Die späte Rache der Kartoffelkäfer. Kaum hatte ich das gedacht, erfuhr ich, wie laut ein Rauchmelder ist. Ich riss Türen und Fenster auf. Niemand auf dem Gelände oder in den anderen *mökkis* rührte sich. Freundlich überhörte man meine Peinlichkeit.

Nach dem dritten Rauchmelderalarm schwante mir was. Ich suchte die Luftklappe am Schornstein. Das war's. Bitte! Geht doch!

Dann ging ich in die Sauna. Dann zum Abkühlen in den See. Herrlich. Wieder in die Sauna. Gott ist ein Finne!

Am nächsten Morgen schaute ich mir das Gelände an. Erdbeerbeete mit reichlich Früchten. Und eingezäunt. »Wegen der Rentiere«, erklärten sie mir. Ich könne ruhig eines der Boote nehmen, wenn ich auf den See wolle. Ob sie mir eine Angel leihen sollten. Ich dankte freundlich und schüttelte den Kopf. Ich hatte noch nie geangelt. Außer als Kind Stichlinge. Wenn wir kleine Regenwürmer an den Zwirnsfaden, der von unseren Stöcken hing, banden, hatten wir oft genug den Regenwurm in der Mitte durchtrennt, weil wir zu früh und zu fest mit unseren noch kleinen und ungeschickten Fingern knoteten. Knoteten wir zu locker, kroch der Wurm wieder heraus. Es war eine Last. In meinem ganzen Leben hatte ich noch keine richtige Angel geworfen oder gehalten. Meine gesamte Angelerfahrung bestand aus der Lektüre von Hemingways »Der alte Mann und das Meer«. Wie man den Fisch vom Haken bekommt, ihn dann tötet, entschuppt, ausnimmt, das alles waren für mich Geheimnisse, die ich nie erlernen würde. Aber ich esse ihn gern. Alles andere müssen andere machen.

Statt zu angeln, schaute ich in meine E-Mails. Das

Fährunternehmen Tallink Silja Line schrieb mir. Sie fragten, was ich in einigen Wochen auf der Fähre während meiner Rückfahrt essen wolle. Ich wusste heute noch gar nicht, ob ich dann überhaupt Hunger haben würde. Das schrieb ich ihnen.

Weiter ging es nach Süden. Seit Ruka war etwas Seltsames passiert. Ich sah Autos! Eins, dann zwei. Sie fuhren vor mir. Drei hinter mir. Und die Gegenspur war quasi voll mit ihnen! Das hatte ich seit Wochen nicht mehr erlebt. Als Gegenverkehr hatte ich auf den letzten 2000 Kilometern höchstens Rentiere, und überholt hatte mich nie eins. Hier knarzte mich beim Halt angeberisch ein Baum an. Elf, zwölf, fünfzehn Meter hohe Kiefern statt kleiner Birken standen plötzlich wieder am Wegesrand und wollten Aufmerksamkeit.

500 Kilometer von der Nordspitze Finnlands entfernt, kurz vor Kuusamo, sah ich das erste Blitzerwarnschild. Vielleicht hob die komplette Abwesenheit von Blitzgeräten in Lappland statistisch die Blitzgerätedichte des finnischen Südens wieder auf.

Straßen, Kälte, Strafmandate
Verkehr und mehr

Verkehrsdelikte

Der Finne ist überwiegend gesetzestreu. Auch kaum zu kontrollierende Gesetze wie im Bereich des Fischereiwesens – wer wollte die bei 187 880 Seen kontrollieren? – werden als notwendig angesehen und darum fast immer von fast allen eingehalten. Nur im Bereich der Geschwindigkeitsübertretungen wandelt der Finne häufig auf den Spuren seiner großen Formel-1-Piloten.

Das finnische Straßennetz besteht aus 450 000 Kilometern Straße, aber nur etwa 800 Kilometer davon sind Autobahn. Stau ist in Finnland im Grunde genommen unbekannt.

Besonders in Südfinnland gibt es eine Unzahl von fest installierten Blitzgeräten. Hier legt sich kein Polizist hinterrücks auf die Lauer. In Finnland wird offiziell vor Radarfallen gewarnt. Auch vor mobilen. Es sind spezielle Verkehrsschilder, die mit einem Piktogramm, dem Bild einer alten Balkenkamera, warnen. Wer dann noch erwischt wird, ist selber schuld. Wenn doch, wird es interessant.

Den Strafenkatalog kann man fast als »sozialistisch« beschreiben. In Deutschland gibt es einen Bußgeldkatalog, in dem für jedes Vergehen die Strafhöhe auf Euro und Cent festgesetzt ist. Nicht so in Finnland. Dort richtet sich die Strafe nach der Höhe des Einkommens des Delinquenten.

Den Finnen erscheint es fast normal, dass Prominente und Wohlhabende empfindlich zur Kasse gebeten werden für im Grunde leichte Vergehen. Formel-1-Rennfahrer Kimi Räikkönen musste 2005 30 000 Euro an die Staatskasse überweisen. Er hatte drei Schneemobile auf einem Hänger transportiert und weder die erforderlichen Papiere dabei noch die zusätzlich notwendigen Außenspiegel montiert. Im Oktober 2013 wurde ein Industrieller geblitzt. Er fuhr 27 Kilometer mehr als erlaubt. Dies führte zu einer Strafe von 95 000 Euro, bemessen an dessen Jahreseinkommen. In Schweden beispielsweise hätte ihn diese Geschwindigkeitsübertretung »nur« 450 Euro gekostet.

Ein Professor für Kriminalrecht kritisiert: »Das System ist eine Art Zusatzsteuer für Reiche. Außerhalb Finnlands versteht das niemand.« Ich dagegen finde das gar nicht schlecht und denke, dass wir lieber hier in Deutschland unser Strafsystem überdenken sollten.

Motoren im Winter

Die finnischen Winter sind kalt. Teilweise sehr kalt. Und sie sind sehr lang. Es ist also sehr lange sehr kalt. Ein Problem für viele Autos, die dann nicht mehr anspringen. Früher legte man einen Motorwärmer, eine Art Heizdecke, über den Motor, dafür wurde die Haube einen Spalt weit geöffnet, und das Elektrokabel führte hinaus.

Inzwischen werden die Autos mit komplettem »Motorwärmsatz« zumindest angeboten, in Finnland sind sie im Grunde Standard. Der Anschluss für den Strom ist jetzt eine geschickt in die Stoßstange integrierte kleine Buchse mit Abdeckung.

Auf vielen Parkplätzen, auf privaten, aber auch auf Firmenparkplätzen, stehen daher Säulen mit einem kleinen Kasten drauf, etwa in Größe und Höhe der früheren Parkuhren. Die meisten dieser Kästen sind verschließbar. Im Inneren befindet sich eine Steckdose. Hier kann man das Kabel für den Motorwärmer einstecken! Diese Säule hat einen schönen Namen, ich bekam gleich drei verschiedene Varianten genannt: *lämmitystolppa* oder *autopistorasia* oder *piha-autopistorasia*.

Eine ganz andere Lösung gegen Kälte bot früher der Schneemobil- und Motorradhersteller Winha. Im Finnischen Motorradmuseum in Lahti, *Suomen moottoripyörämuseo*, steht eine finnische Militärmaschine, Marke Winha, eine Enduro, mit Handzugstarter, wie man das heute von Rasenmähern oder Kettensägen kennt. Damit springt ein Motor immer an. Der findige Finne baute im Winter den Motor aus der Enduro aus und setzte ihn in das Schneemobil ein!

Metro Helsinki

Ganz Finnland hat nur eine einzige U-Bahn-Linie. Natürlich ist die in Helsinki. Gleichzeitig ist sie die nördlichste U-Bahn der Welt. Sie beginnt zwei Stationen vor dem Hauptbahnhof in Ruoholahti und ist insgesamt 14 Stationen lang. Das war's. Allerdings verzweigt sie sich am Haltepunkt Itäkeskus, dem viertletzten, und es geht entweder nach Mellunmäki oder nach Vuosaari, so dass es insgesamt 17 Stationen gibt. Abwechselnd fährt die Bahn zu den beiden Endhaltestellen.

Kurioserweise variiert die Fahrtfrequenz. Wie bei so vielem im Land, wird auch hier in den Sommerwochen reduziert. Von Mitte Juni bis Ende Juli, wenn halb Helsinki ohnehin in den *mökkis* sitzt, fährt auch die Metro nicht mehr so häufig.

Das Schienennetz umfasst derzeit 21,1 Kilometer, unterirdisch davon sind ungefähr 30 Prozent. Nun ist eine Erweiterung westlich Richtung Espoo mit acht Stationen, zwei davon noch im Stadtgebiet von Helsinki, im Bau. Die Inbetriebnahme war eigentlich für

Herbst 2014 geplant, aber es ist in Helsinki auch nicht besser als auf dem Berliner Flughafen, an der Hamburger Elbphilharmonie und mit dem Stuttgarter Bahnhof. Die Bauzeiten verlängern sich, die Kosten steigen. Herbst 2016 ist nun anvisiert.

Die Betreiber haben die Bahnsteige in den neuen Stationen erheblich gekürzt, statt 130 werden sie nur noch 90 Meter lang. Es müssen und können dann ausschließlich Kurzzüge eingesetzt werden, die geringeren Kapazitäten sollen mit höherer Frequenz kompensiert werden. Ein automatischer, also fahrerloser Betrieb soll das ermöglichen. (Insgesamt will man die Zugfrequenz von jetzt zwischen vier und fünf Minuten auf unter zwei Minuten bringen, beginnen will man mit einem zweieinhalb-Minuten-Takt.) Probleme mit dem Hersteller der Automatik und »Meinungsverschiedenheiten« mit Siemens führen auch hier zu Verzögerungen. Neues ausgegebenes Datum ist 2016. Das wird sicher ein Festjahr für die Metro Helsinki!

〜✎ Aus meinem Reisetagebuch XXVII ✎〜

Frühe Comics

Ich fuhr weiter Richtung Süden auf der Via Karelia. Mein Ziel waren die Felsmalereien bei Hossa. Von Hossa aus musste ich eine schmale Straße an winzigen Seen entlangfahren. Dann rechts ab auf einen Waldweg. Nach einigen Kilometern hielt ich an einem Parkplatz und fragte einen Angler. Ich müsse noch ein Stück weiterfahren, dann rechts in einen kleineren Weg einbiegen. Dann noch mal rechts. Da komme ein noch schmalerer Weg. Auf dem kleineren Weg dachte ich: Noch ein schmalerer Weg? Wenn der noch enger wird, passt mein Auto nicht mehr durch. Ich werde zwischen den Bäumen steckenbleiben! Mein Auto und ich hielten die Luft an. Passt!

Ich machte mich auf die vier Kilometer zu den Felszeichnungen. An einem wackeligen, teils schon in den See hängenden Steg traf ich drei Finnen. Sie übersetzten mir das Hinweisschild, dass nur vier Menschen gleichzeitig den Steg betreten dürften. Wir gingen hinüber und stellten fest: Man hätte den Gang zu den Zeichnungen besser nur einzeln erlauben sollen. Eine Person oder zwei Fotomodelle – mehr vertrug das morsche Gebälk eigentlich nicht mehr. Die Zeichnungen aber waren eindrucksvoll. Bis zu 7000 Jahre alt. Jäger. Elche. Rentiere. Ganz frühe Comics! Blasse Farben hoch auf einer mächtigen Felswand, zu Zeiten gemalt, als man noch keine Stehleitern hatte.

Dann eine andere Strecke über fünf Kilometer zurück zum Auto. Gegen Hunger gab es Blaubeeren in Knöchelhöhe. Niemand in Finnland hat je vom

Fuchsbandwurm gehört. Gegen den Durst fließen Bäche.

Ich kam zweimal an Grillplätzen vorbei. Grillplätze in der Natur, meist am Wasser, sind in Finnland Standard. Niemand hat Angst vor Waldbränden. In einem Steinkreis die Grillfläche, von Bänken, also Baumstämmen umrandet. Ein solcher Grillplatz hat aber nicht nur die Feuerstelle, er besteht meist aus mehreren Gebäuden bzw. Überdachungen. Eine Hütte oder ein einfaches Pultdach dient als Wetterschutz. Hier hängen auch Werkzeuge, ein Säge, eine Axt, Grillstangen oder Holzstöcke, auf die das Grillgut, meist der frisch im See, im Fluss gefangene Fisch, gespießt wird. Im zweiten Unterstand lagert das Brennholz, von der Forstverwaltung eingelagert für die Wanderer und Besucher. Und immer wieder spalten die Rastenden mehr Holz in handliche Stücke, als sie selbst brauchen. Ein Service für den Nachfolgenden. Sogar Streichhölzer sind zu finden. Außerdem steht etwas abseits ein Toilettenhäuschen. Und – meistens – eine kleine Hütte für den Müll, wo – wir sind in Finnland – natürlich getrennt entsorgt werden kann. Das alles ist unentgeltlich. Und jeweils in bestem Zustand. Vandalismus, Zerstörungen sind hier (fast) unbekannt. Und das Werkzeug vor Ort verschwindet auch nicht!

»*Wenn der Fisch nicht beißt, spart man
zumindest den Köder.*«

(Finnisches Sprichwort)

Giftige Pilze, tödliche Mäuse
Gefährliches Finnland

Das letzte Rentier und die erste Moltebeere

Ich fuhr weiter. Jedes Rentier, das ich nun sah, konnte mein letztes sein. Irgendwann stellte ich fest: Das letzte war das letzte gewesen. Dafür erschrak ich fast: Ich sah Rinder! Und Pferde! Eine mir inzwischen völlig fremde Spezies.

Ich dachte zurück an Lappland. An meine erste Moltebeere, für die der Finne so viele Worte hat wie die Inuit für Schnee, unter anderem *lakka* und *hilla*. Ich dachte an wundersame Rentier-Abschreckmaschinen: Betonmischmaschinen mit Steinen darin, verschlossen, die – gekoppelt mit Lichtschranken – losrumpeln, sobald ein Rentier die Bezirksgrenzen überschreiten will.

Weiter ging es über Kuhmo, Nurmes und Lieksa. Ich fuhr auf einen Zeltplatz, um wieder ein *mökki* zu mieten, und bemerkte etwas Seltsames. Wurden meine Augen plötzlich schlechter? Es war so düster auf einmal. Die erste Nacht mit Dämmerung! Mit einer leichten Dunkelheit um Mitternacht. Ich war zurück im Süden. Ich stand am See und staunte vor mich hin. An der Autobrücke rechts am See sah ich sogar Lampen brennen! Ich war zurück in der Welt des elektrischen Lichts.

Die Karelier hier behaupteten von sich, sie seien viel fröhlicher, mitteilsamer, offener als die anderen Finnen. Aber mir gegenüber hatte sich niemand verschlossen in diesen Wochen.

Ich wich etwas von meiner Route ab und besuchte finnische Freunde aus Kassel, Pirkko mit ihrer Familie in Sulkava an der Saimaa-Seenplatte.

Was ist das beste Rezept für giftige Pilze?

Der Finne ist verrückt nach Pilzen. Einen liebt er besonders: *korvasieni*. Die Frühjahrs-Giftlorchel, lateinisch Gyromitra esculenta. Der Pilzhut ähnelt Gehirnwindungen, darunter ein in Relation schmaler Stiel, braun bis rötlich gefärbt. Es kann zu Verwechslungen kommen mit der Speisemorchel (Morchella esculenta), deren Hut durch Quer- und Längsleisten geometrischer gestaltet wirkt als die gewundene »Hirnrinde« des *korvasieni*. Frisch geerntet ist dieser Pilz nur etwa vier bis sechs Wochen im Jahr auf den Märkten erhältlich, im April und Mai.

Pirkkos Mann Günter zeigte mir zwei Pilzbestimmungsbücher, ein finnisches, ein deutsches. Falls »kurios« eine Steigerung hat, wäre diese Form hier angemessen: Im deutschen Pilzbestimmungsbuch steht: »Frühjahrslorchel. Tödlich giftig! Nicht anfassen!« Im finnischen Pilzbestimmungsbuch steht: »Frühjahrslorchel. Tödlich giftig! Und hier sind die Rezepte!«

Die Finnen mögen diesen Pilz besonders in Soße mit Steak, sehr lecker auch zu Rentierzunge oder auch nur mit Kartoffeln. Ich wollte mehr wissen und fragte meine Freunde. Wenn man den Pilz kocht, müssen die Fenster weit geöffnet sein, am besten ist eine Außenküche, denn allein schon der Dampf ist giftig und sollte nicht eingeatmet werden. Irma aus Lahti rät, den Pilz ordentlich zu bürsten, da in seinen Lamellen reichlich Sand sitzt. Aber sie fasst den Pilz an und sagt, zweimal kochen würde reichen. Raili aus Sulkava sagt, das stimme zwar, aber sie gehe lieber auf Nummer sicher und kocht ihn viermal zehn Minuten lang. Sie stammt aus Karelien und sei sehr erfahren mit diesem Pilz, sagt Pirkko. Wichtig ist, wenn man ihn selber zubereitet, dass man das Kochwasser anschließend jeweils wegschüttet. Pirkko rät, die Pilze zwischendurch gut kalt zu wässsern und vor dem nächsten Kochen jeweils ordentlich auszudrücken. Was vorher tödlich giftig war, wird dann zu einer Delikatesse.

Falsch zubereitet sei der Pilz innerhalb von 24 Stunden tödlich, erzählt mir Pirkko. Vor einigen Jahren war sie mit ihrem Mann, Tochter und Schwiegersohn bei den Nachbarn, bei Raili und ihrem

Mann, zum Essen eingeladen. Es schmeckte köstlich. Zu Hause schlugen Mann und Schwiegersohn den Pilz nach und erschraken. Ehemann Günter wurde regelrecht leichenblass. »Du musst sofort Raili anrufen und fragen, ob sie die Pilze auch richtig zubereitet haben«, sagte er zu seiner Frau.

Die, ganz Finnin, antwortete: »Ich werde doch Raili, die das ihr Leben lang schon so macht, nicht fragen!«

»Und wenn wir sterben?«

»Werden wir nicht!«

»Sicher?«

»Voraussichtlich! Und wenn – dann könnten wir jetzt auch nichts mehr machen!«

Mit flauem Gefühl ging der deutsche Teil der Familie am nächsten Tag mit in die Oper und schaute immer wieder zur Uhr. Man hatte am Vortag bis 22 Uhr gespeist. Nach dem Ende der Vorstellung, 24 Stunden später, spendierte Günter allen vieren einen Sekt aufs Überleben.

Der eigentliche Giftstoff in diesem Pilz ist Monomethylhydrazin. Das wurde über einen Umweg entdeckt, nämlich in der Raketenforschung. Dort kam es bei den Beschäftigten zu rätselhaften Krankheiten, als deren Verursacher man schließlich den Treibstoff Monomethylhydrazin erkannte. Das Gyromitrin der Pilze wird durch Magensäure zu Monomethylhydrazin umgewandelt. Bei falscher Zubereitung sind schwere Vergiftungen nicht selten, insbesondere in Osteuropa.

Es gab in Finnland lange Zeit ein Kochbuch, in dem ein englisches Rezept für Morchel-Kartoffelsalat in der übersetzten finnischen Fassung nicht auf das sorgfältige Vor- und Abkochen der Frühjahrslorchel hinwies. Wie man überhaupt herausgefunden hat, dass man den giftigen Pilz genießbar machen kann, wird vermutlich ein Rätsel bleiben. Und auch, wie viele Opfer das gekostet hat.

Die Finnen jedenfalls lieben ihre Lorchel. Dort waren diese Pilze bislang immer frei verkäuflich. Wenn sie Saison haben, liegen sie in Holzkästen auf den Märkten aus, auf dem Preisschild ist dann als Kennzeichnung oft ein Totenkopf zu sehen oder ein entsprechender Hinweis angebracht. Denn schon die bloße Berührung kann zu ersten Schädigungen führen, heißt es.

Einmal wollte die EU den Verkauf verbieten. In Finnland war man entsetzt. Eine jahrhundertealte Tradition! In Spanien darf weiter Stierkampf betrieben werden, aber die Finnen dürfen keine giftigen Pilze mehr auf dem Markt einkaufen? Inzwischen scheint das Verbot vom Tisch, aber eine Gesundheitswarnung, wie auf Zigarettenschachteln, und gut sichtbar der Hinweis, wie der *korvasieni* zuzubereiten ist, ist Pflicht.

In Deutschland ist der Handel mit diesem Pilz, anders als früher, inzwischen verboten. Aber in der DDR gab es damals eine 25-Pfennig-Briefmarke mit seinem Bild.

Frühjahrslorchel-Soße
(aus der Region um Sulkava bei Savonlinna) –
Pirkkos *korvasienikastike-resepti*

1 Liter *korvasieni* (in Finnland füllt man Gemüse in Liter-Gefäße, man wiegt sie nicht), entweder gefroren oder frisch, bereits richtig zubereitet
1 EL (Weizen-)Mehl
2 EL Butter
200 ml Wasser
200 ml Sahne
eine kleine Zwiebel
Salz
schwarzer Pfeffer

Die kleingehackte Zwiebel in der Butter schmoren, das Mehl dazugeben und unterrühren, mit Wasser aufgießen. Die kleingeschnittenen Pilze hineingeben und zehn Minuten schmoren lassen.Würzen, ein wenig ziehen lassen, die Sahne einrühren, dabei nicht mehr kochen lassen.

Als Soße zu Fisch und Fleisch, aber auch zu Vegetarischem reichen.

Frühjahrslorchel-Suppe –
Pirkkos *korvasienikeitto-resepti*

Das Rezept ist fast identisch mit der *korvasieni*-Soße.
statt 200 ml nun einen halben Liter Wasser
statt 200 ml Sahne 400 ml
dazu 2–3 Gemüsebrühwürfel

Brennnesselpfannkuchen
mit Frühjahrs-Giftlorchel-Eintopf –
Irmas *korvasienimuhennos-resepti*

Die Pfannkuchen:
4 dl Milch
1 ¾ dl Weizenmehl
2 Eier
2 Teelöffel Salz
1 Liter »angekochte« (blanchierte) Brennnesseln, zer-
    kleinert
Alles vermischen und eine halbe Stunde stehenlassen.

Der Eintopf:
250 g Frühjahrs-Giftlorcheln, entweder gefroren oder
    frisch, bereits richtig zubereitet
1 Zwiebel

20 g Butter
schwarzer Pfeffer, Salz
2 dl Sahne
150 g Schmelzkäse, natur

Frühjahrs-Giftlorcheln mit der Zwiebel in der Butter
andünsten, bis die Zwiebel weich ist. Sahne, Salz und
Pfeffer und schließlich den Käse hinzugeben.

Die Pfannkuchen backen und mit dem Pilzeintopf
servieren.

Kulinarisches Finnland 7

Irmas kleine Pfifferling-Omeletts (für Feiglinge!)
ca. 10 Pfifferlinge (geht natürlich auch mit anderen
    Pilzen)
6 Eier
1,5 dl Milch
1,5 dl geriebener Käse
½ Teelöffel Salz
etwas schwarzen Pfeffer

Alle Zutaten (bis auf die Pilze) verrühren, kleine Tassen mit Butter einfetten, Pfifferlinge in die Tassen geben, die Ei-Sahne-Mischung darübergießen, im vor-
geheizten Backofen bei 200 °C etwa 15 bis 20 Minuten
backen, mit Schnittlauch bestreut servieren.

Die Saimaa-Robbe

Die meisten Tiere halten sich nicht an Grenzen. Wo Schweden endet und Finnland beginnt, ist ihnen egal. Nur eine einzige Tierart in Finnland ist »endemisch«, kommt also ausschließlich hier vor: die Saimaa-Robbe. Auf Finnisch: *saimaannorppa*. Auf Latein: Pusa hispida saimensis. Und – ein Wunder – sie lebt nicht im Salzwasser der Meere, sondern im Süßwasser des Saimaa-Sees. Sie ist ein »Opfer« der letzten Eiszeit, des letzten großen natürlichen Klimawandels also, bevor der Mensch das bestimmende Schicksal der Natur wurde und damit auch der Saimaa-Robbe. In dem Maße, in dem damals die Gletscher tauten, erhob sich langsam, von ihrem Gewicht befreit, das Land, und so wurden plötzlich Buchten von der offenen See abgeschnitten. Und so verlor auch eine kleine Gruppe von Robben den Zugang zum Meer, zur Ostsee. Sie entwickelten sich eigenständig im Saimaa-See weiter, einem Seensystem, das aus vielen größeren und kleineren Seen besteht, die durch Wasserarme miteinander verbunden sind. (Das gleiche Phänomen gibt es übrigens noch einmal im Ladogasee, dem größten See Europas im heutigen Russland, in der Republik Karelien, dort lebt die Ladoga-Ringelrobbe mit einem Bestand von etwa 5000 Stück. Trotz dieser Anzahl ist sie durch Gifteinleitungen und Fischer, die sie als Konkurrenz betrachten und töten, gefährdet.)

Die Saimaa-Robbe ist alles andere als prominent, dabei ist sie eines der seltensten Tiere auf dem gesamten Planeten. Es gibt nur noch etwa 270 Robben, eine unvorstellbar kleine Zahl, wenngleich sich der Bestand schon leicht erholte. (Erst mit einer Population von 400 Tieren etwa, so Wissenschaftler, wäre das Überleben der Art wirklich gesichert. Man hofft, diese Zahl bis 2025 erreichen zu können.) Der aktuelle Klimawandel ist verheerend für das Überleben junger Robben. Die Tiere brauchen schneereiche Winter, um in Höhlen ihre Jungen zur Welt bringen zu können. Dort werden sie von Füchsen, Bären, Wölfen und Greifvögeln gejagt. Wenn jetzt durch frühes, durch zu schnelles Tauen die Schneedecke nicht mehr dick genug ist und die Schneehöhlen einbrechen, dann liegen die jungen Robben zu früh und schutzlos auf dem Eis des Sees. Auch das Absinken oder Ansteigen des Wasserspiegels – der See wird zum Teil künstlich reguliert – gefährdet die Tiere in den Höhlen.

Die Hauptgefahr für die Saimaa-Robbe aber ist und bleibt der Mensch. Von einem geschätzten Bestand von 1000 Tieren um 1890 ging die Population vor allem in den 1950er Jahren radikal zurück. Die Robbe wurde als »Schädling« betrachtet und zielgerichtet von den Fischern bejagt. Sie wurde zwar 1955 unter Schutz gestellt, aber Fischerei und Schadstoffeinleitungen in die Seen reduzierten ihre Zahl weiterhin. Seit 1980 gibt es Forschungsprogramme, die

die Entwicklung der Population beobachten. Damals lebten nur noch etwa 100 bis 150 Tiere. In den Jahren vor 2005 stieg ihre Anzahl jährlich um etwa 2 Prozent, seit 2005 ist sie wieder rückläufig. Die Weltnaturschutzunion zählt die Saimaa-Robbe seit 2009 zu den vom Aussterben bedrohten Arten, in der Berner Konvention des Europarates wird sie als streng geschützt geführt.

Finnland hat ein Robbenschutzprogramm aufgelegt. Am Saimaa-See fischten viele Amateur-Angler mit Netzen, in denen sich die Robben immer wieder verfingen, jämmerlich ertranken. Es wird versucht, die etwa 30 000 Angler, die jedes Jahr zum See kommen, aufzuklären und zu sensibilisieren. Da das Fischen zum Alltag eines Finnen gehört, möchte man kein generelles Fischereiverbot aussprechen.

Ein weiteres Problem sind die Wasserverschmutzung und der zunehmende Bootsverkehr auf dem See sowie der Tourismus. Die Schutzmaßnahmen bestehen darin, dass zwei Nationalparks eingerichtet wurden, Linnansaari und Kolovesi. Das Benutzen von Motorbooten wurde eingeschränkt, bestimmte Buchten sind im Frühjahr gesperrt, auch für Paddel- oder Ruderboote. Es wurden also Ausweichzonen geschaffen, in denen die Robben ungestört sind. Berufsfischern, die in den Sommermonaten auf Netzfischerei verzichteten, wurde Ausfallgeld bezahlt, die Fischerei wurde generell eingeschränkt, Köderhaken und Fallen wurden verboten. Die Regulierung der Wassermenge für das am See gelegene Kraftwerk wird, gerade im Winter, mit Rücksichtnahme auf die Robbenpopulation abgestimmt.

Experten schätzen, dass der Saimaa-See Lebensraum für bis zu 6000 Robben sein könnte.

Immer noch kein Elch

Am nächsten Tag fuhr ich nach Imatra und Lappeenranta. Dort erlitt ich fast einen Schock: Ich fuhr durch eine Unterführung! Seit Wochen war nichts über meinem Kopf gewesen außer dem Himmel. Nichts musste überbrückt werden außer den Flüssen. Jetzt gab es sogar Ampeln und ein Windrad. Helsinki rückte näher. Und immer noch kein Elch. Dafür Fische. Jede Menge. Auf dem Teller und in Kotka. Ich wollte ins Maretarium.

Wenn der Seehase aufspringt

Bis vor etwa 50 Jahren war Kotka an der finnischen Südküste ein Ort für die Waldindustrie. Als diese immer weiter zurückging, erkannte man schließlich, dass die einzige Lösung gegen die hohe Arbeitslosigkeit im Tourismus liegen würde und rüstete auf: Man investierte.

Der älteste Eisbrecher der Welt, »Tarmo«, liegt hier als Attraktion und ist mittlerweile ein Museumsschiff.

2001 wurde das Kotka Maretarium eröffnet, zwei Wochen vor dem Sea Life in Helsinki. Roosa Mikkola ist Meeresbiologin, Unterwasserarchäologin und Eistaucherin. Sie arbeitet im Museum als Biologin und Taucherin und macht Führungen.

Sie geleitete mich durch das Maretarium, das einzige Meeresaquarium in Finnland (»Sogar weltweit!«, wie Roosa grinsend hinzufügte), das ausschließlich finnische Fische zeigt. Etwa 50 Arten sind hier lebend zu sehen, je nach Jahreszeit auch bis zu 60 von den insgesamt etwas über 100 je in Finnland entdeckten Fischarten. (In Schweden, wo das Meerwasser einen insgesamt niedrigeren Salzgehalt aufweist, gibt es über 250 Arten.)

Roosa führte mich zu einem Becken, in dem Störe schwammen, die in Imatra gezüchtet wurden. Sie würden in ca. fünf Jahren geschlechtsreif sein. Dann zeigte sie auf eine Flunder, die mit anderen am Beckenboden lag, und erzählte vom Seehasen, einem Fisch, dessen Bauchflossen sich im Laufe der Evolution zu einer Art Saugglocke umgebildet haben.

Einer der Seehasen war quasi liiert mit einer der Flundern – man könnte auch sagen, er war auf sie fixiert. Immer wenn sie sich aus dem Sand wühlte und losschwamm, war der Seehase wie der Blitz bei ihr, saugte sich auf ihrem Rücken fest und ließ sich durch das Becken ziehen. Der Seehase ritt regelrecht die Flunder.

Roosa zeigte mir die Schwarzmundgrundel, die gebe es erst seit sieben Jahren in Finnland. Sie kam vermutlich mit dem Ballastwasser aus einem der großen Schiffe in die Gegend. Aus den Tanks der Schiffe käme vieles heraus, was hier nicht hingehört. Die Schwarzmundgrundel zum Beispiel frisst den Flundern die Nahrung weg. Und deswegen gibt es inzwischen wesentlich weniger Flundern als noch vor einigen Jahren.

Roosa deutete auf ein anderes Becken: »Wie viele Fische siehst du?«

»Zehn etwa.«

»Es sind aber mindestens 140 in diesem Becken, kleine Sandaale, die sich im Sand verstecken. Nur zum Fressen kommen sie heraus. Und das da ist der schnellste Fisch Finnlands.«

Ein Hecht! Ich erkannte ihn sofort, denn ich hatte quasi gerade einen gefangen – genauer gesagt war ich mit im Boot gewesen, als einer gefangen wurde, und durfte das Netz halten. Unserer war aber nur etwa ein Drittel so groß gewesen wie dieser hier. Der wog sicher stolze 10 Kilo, ein wahres Monster. Roosa sagte über ihren Hecht: »Er wohnte mit einer Quappe zusammen, sie hat sich drei Tage lang versteckt. Der Hecht hat drei Tage lang vor den Pflanzen gewartet.« Hechte drehen sich übrigens nach erfolgreicher Jagd den Beutefisch so, dass sie ihn mit dessen Maul zuerst schlucken. Aha!

»Der russische Stör gehört eigentlich nicht hierher, aber wir kriegen immer wieder Geschenke von Anglern und Fischern, Beifang und Besonderheiten, dieser saß in einer Reuse, wir nehmen an, er stammt aus einer Fischzuchtanstalt. Die Leute bringen tolle Fische!«

Es gab viel zu lernen: Bei den Seenadeln trägt das Männchen die Eier. Die Chinesische Krabbe kann sich hier nicht vermehren, es gibt sie aber, auch sie kommt per Schiff angereist. Nur noch 20 Prozent der Flusskrebse sind finnischen Ursprungs. Als eine Infektion ganze Generationen getötet hatte, setzte man amerikanische ein, übersah aber, dass diese die Infektion übertrugen, selber aber immun waren.

Die Krebszeit habe angefangen, erzählte Roosa: »Bald ist *rapujuhla*, das Krebsfest, da wird viel gegessen, getrunken und gesungen.«

Höhepunkt eines Aquariumbesuchs ist immer die Fütterung. Eine Taucherin steigt in ein Wasserbecken mit einer halben Million Liter Wasser. Es ist sieben Meter tief und hat einen Durchmesser von zehn Metern. Majestätisch durchziehen verschiedenste Fisch-arten das Becken. Die Zander sehen aus wie Mumien, gelblich-grün, mit gezackter Rückenflosse kreuzen sie durchs Wasser. Gewaltige Lachse schwimmen mit ge-öffnetem Maul. Eine Quappe. *Nieriä.* Ich lernte alle Fische kennen, die ich in den letzten Wochen ver-speist hatte.

Dann ging Roosa noch mit mir zu einem Terra-rium. Sie zeigte mir ein ganz süßes Tier – aber eines der gefährlichsten in ganz Finnland: die Wasserspitz-maus, Neomys fodiens. Auf Finnisch: *vesipäästäinen.* Und die ist, wie die Kreuzotter, giftig. Eines der weni-gen giftigen Säugetiere Europas! Für Tiere bis Maus-größe können ihre Bisse durch unter der Zunge lie-gende Giftdrüsen tödlich sein, zumindest betäubt bzw. lähmt sie ihr Opfer.

Melancholisch in Kotka

Ich saß im Hafen von Kotka und schaute auf die See. Nachher würde ich auf die finalen Kilometer gehen und der »Königsroute« entlang der Küste folgen. Mir wurde melancholisch zumute. Meine Finnland-Um-rundung war fast beendet. *Ympäri Suomen.* Ich war in jeder Ecke gewesen, in Nord-West und Süd-Ost und im nördlichsten McDonald's der Welt in Rovaniemi. Was blieb? Also, erst mal: Das mit den Elchen ist Quatsch. Nicht einen hatte ich gesehen! Ich war jetzt einmal komplett um Finnland herumgefahren. Nirgendwo war einer. Die hätten sich alle vor mir in der Mitte des Landes versteckt haben müssen, und das schien mir doch sehr unwahrscheinlich. Ich hatte alles versucht, ich war vom Weg abgefahren, streckenweise hatte ich das Gefühl, schon in Russland zu sein, der Elch kam nicht. Aber Mücken kamen! Da kannst du machen, was du willst. Jedenfalls oberhalb des Polarkreises. Trotzdem muss man da hin. Jeder. Einmal im Leben mindestens. Dafür kann man schon ein paar Tropfen Blut opfern. Wie Konfusion, der große ostwestfälische Weise, gesagt hat: »Wer nie in Lappland war, der hat nicht gelebt.«

»Auch Enthaltsamkeit hat ihre Grenzen.«

(Finnisches Sprichwort)

Lotto, Brecht und Zauberkünste
Unbekannte berühmte Finnen

Finnen im Glück

Das Glück kommt aus Finnland, aus Helsinki, zumindest das Lotto-Glück, denn dort stehen die Ziehungsgeräte für den Eurojackpot. Sie sind aus Plexiglas und, je nachdem ob für Hauptziehung oder Zusatzzahlen, unterschiedlich groß. In der Zusatzzahlentrommel sind acht Kugeln, in der großen Trommel 50, mit unterschiedlich funktionierendem Ziehungssystem.

Am 4. April 2014 knackte eine zehnköpfige finnische Tippgemeinschaft den Eurojackpot. Sie gewannen die Rekordsumme von exakt 53 275 841,60 Euro. Also immer noch genug für jeden! Fünf weiteren Teilnehmern, alle aus Deutschland, fehlte nur die richtige zweite Zusatzzahl, aber auch für sie gab es noch knapp 230 000 Euro.

Fast genau ein Jahr zuvor hatte schon einmal ein Finne eine Rekordsumme abgeräumt: 29 540 641,50 Euro. Wiederum zwei Wochen davor waren schon einmal 12,5 Millionen Euro an einen Finnen gegangen, der bis dato höchste Spielgewinn in Finnland.

Diese Lotterie gibt es seit März 2012. Am Eurojackpot nehmen vierzehn Länder teil, auch Dänemark mit Grönland. Insgesamt können, addiert man die Bevölkerungszahlen, 245 Millionen Menschen mitspielen. Der garantierte wöchentliche Hauptgewinn beträgt mindestens 10 Millionen Euro. Für den Hauptgewinn braucht man die richtigen fünf Zahlen aus 50 und zwei Zusatzzahlen aus den sogenannten 8 Eurozahlen. Die Chancen dafür sind 1:59 325 280. Für den klassischen Lotto-Hauptgewinn in Deutschland stehen die Chancen wesentlich schlechter: 1:139 Millionen.

Lotto für Pukkila

Ende 2013 berichtete die finnische Gemeinde Pukkila der Welt von einem neuen, kuriosen Konzept, den Gemeindehaushalt zu sanieren: mit Lottospielen.

Pukkila ist eine kleine Gemeinde im südlichen Finnland, am Vähäjoki, zwischen Porvoo und Lahti, mit etwa 2000 Einwohnern. Eigentlich ist man hier schon besser gestellt als andere Gemeinden, denn man konnte vor Jahrzehnten ein kleines Erbe antreten, das sich wundersam vermehrte. Der Erblasser ist dadurch der berühmteste Sohn Pukkilas geworden – der kinderlose Hausmeister Onni Nurmi. Als die Kommune sein Erbe annahm, ahnte niemand, zu welchem Glücksfall sich das entwickeln würde. Onni

Nurmi hatte als junger Mann Nokia-Aktien gekauft, damals noch ein Gummihersteller, der vor allem bekannt war für seine Gummistiefel- und Reifenproduktion. Dann wurde Nokia Weltmarktführer im Bereich Mobiltelefone, der Ursprungswert der Aktien von 10 000 Euro vervielfachte sich explosionsartig. Mehr als 30 Millionen Euro sind die Aktien nun wert. Schon das war eine Art Lottogewinn.

Aber Onni Nurmi hatte in seinem Testament festgelegt, dass das Geld ausschließlich zur Förderung der Altenpflege verwendet werden durfte. Statt nun komplett die Gemeindeschulden begleichen zu können, wie es mancher Lokalpolitiker gern gemacht hätte, und worum einige mit juristischer Finesse kämpften, konnte man »nur« ein neues Altenheim bauen und eine Stiftung gründen.

So blieb die Stadt also auf ihren Schulden sitzen, und der Vorsitzende des Stadtrats, Jukka Lehtimäki, selber passionierter, wenn auch glückloser Lottospieler, kam auf die Idee, für die Stadt wöchentlich einen Tippzettel auszufüllen. Mit großer Mehrheit stimmte der Stadtrat zu. Im finnischen Lotto tippt man sieben aus 39 Zahlen, dazu zwei Zusatzzahlen. In Pukkilas Parlament sitzen neun Abgeordnete. Jeder von ihnen sollte in der wöchentlichen Parlamentssitzung in einer Vorauslosung eine Zahl ziehen, und die würden dann getippt, so der Vorschlag Lehtimäkis von der konservativen Zentrumspartei.

Leider hatten die Stadtväter die Rechnung ohne die Juristen gemacht. Nach geltendem finnischen Recht – und da ist der Finne ein Pedant wie europäisch sonst höchstens noch der Deutsche und der Schweizer – darf Steuergeld nicht für Glücksspiele ausgegeben werden. Dagegen will Lehtimäki später klagen; formal wird nun erst einmal eine Gruppe von Bürgern mit eigenem Geld die 52 Spielscheine finanzieren. Die neun Glückszahlen aber werden künftig montags im Stadtrat gezogen. Und wenn sie nicht gewonnen haben, dann spielen sie noch heute!

Berühmte Finnen, die keiner kennt 2

Jose Ahonen

Am 21. März 2014 wurde auf YouTube ein Video des Zauberkünstlers, Magiers und Gedankenlesers Jose Ahonen aus Tampere eingestellt. *Taikuutta koirille* – »Magic for dogs«. Zauberei für Hunde!

Ahonen zeigt darin verschiedenen Hunden unterschiedlichster Rassen ein »Leckerli« und lässt es vor ihren Augen – und Nasen – verschwinden. Die Reaktionen der verdutzten Tiere sind so lustig wie vielfältig. Sie sind irritiert, verunsichert, erstaunt, verärgert, und meistens vor allem komisch.

Taikuutta koirille wurde ein echter »Abräumer«. Die Reaktionen auf Ahonens Video waren überwältigend. Es verbreitete sich mit rasender Geschwindigkeit im Netz. Am 24. März nahmen langsam auch die Printmedien die Nachricht auf, da hatten aber schon weit über 5 Millionen Menschen »geklickt«. Am 25. März um 11.32 Uhr waren es 7 232 818. Zwanzig Minuten danach waren weitere 5000 dazugekommen. Vier Stunden später hatten unfassbare weitere 300 000 Menschen zugeschaut. 24 Stunden später waren es 8 808 929!

Am Samstag, den 29. März um 10.54 Uhr, nach acht Tagen also, betrug die Zahl 10 729 899 User und Viewer-Klicks – doppelt so viele, wie es Finnen gibt!

Jose Ahonen ist 35 Jahre alt und lebt in Tampere. Er moderiert mit seinem Kollegen Johannes Malkamäki einen wöchentlichen Zauber- und Varietéclub, den *Club Harha* in Tampere, und schreibt über Zauberei. In ganz Finnland, so schätzt Jose Ahonen, gibt es etwa 200 Zauberer oder Magier, 50 bis 80 von ihnen treten auf, und nur einige wenige sind wirkliche Bühnenprofis wie Ahonen selbst, die ausschließlich von ihrer Kunst leben können.

Tarja Halonen

Tarja Kaarina Halonen – diese Frau schrieb Geschichte, denn sie wurde das erste weibliche finnische Staatsoberhaupt, die erste finnische Präsidentin. Und das für zwei Wahlperioden, für zwölf Jahre. Tarja Halonen wurde als Weihnachtskind am 24. Dezember 1943 geboren. Die Tochter einer alleinerziehenden Mutter kam aus einfachen Verhältnissen und wuchs in Kallio, einem Arbeiterviertel von Helsinki, auf. Sie begann ein Studium der Kunstgeschichte, wechselte dann und wurde Juristin. Nach ersten Jahren in verschiedenen sozialen Organisationen wurde sie 1970 Anwältin in der Dachorganisation der finnischen Gewerkschaften, bevor sie ihre politische Karriere begann. 1971 trat sie in die Sozialdemokratische Partei Finnlands ein. Von 1977 bis 1996 saß sie im Stadtrat von Helsinki, von 1979 bis 2000 im finnischen Parlament, und führte dort ab 1987 mehrere Ministerien, u. a. war sie Justiz- und Außenministerin, vom 1. März 2000 bis 1. März 2012 dann Staatspräsidentin.

In ihrer Amtsphase als Außenministerin trat Finnland der EU bei und hatte, im 2. Halbjahr 1999, erstmals die EU-Präsidentschaft inne. Die als sehr gut verlaufend empfundene Präsidentschaft brachte ihr breite Zustimmung gegenüber ihren Mitbewerbern ein, darunter mit Elisabeth Rehn eine weitere Frau. Trotzdem war man skeptisch in Finnland, ob die Bevölkerung sie akzeptieren würde, weil sie, Mutter einer Tochter, noch zum Zeitpunkt der Wahl unverheiratet in Lebensgemeinschaft mit einem Mann wohnte. Doch sie konnte ihren stärksten Gegner, den konservativen Esko Aho, bereits im ersten Wahlgang mit 40 zu 34,4 Prozent der Stimmen deutlich schlagen und gewann die abschließende Stichwahl mit 51,6 Prozent.

Halonen war das 11. Staatsoberhaupt in Finnlands Geschichte. Mit Beginn ihrer Präsidentschaft trat eine Verfassungsänderung in Kraft, die die vorher sehr weitreichenden Befugnisse des Staatspräsidenten mehr zum Repräsentativen hin einschränkte. Finnland wollte eine Stärkung des Parlamentarismus, und so blieben ihre direkten Einflussmöglichkeiten auf Innen- und Außenpolitik im Gegensatz zum Wirken ihrer Vorgänger deutlich beschränkt. Auch die Länge der Amtszeit war in der finnischen Verfassung 1994 geändert worden und erlaubte nun nur noch zwei Amtszeiten. Ihre zweite Wahl fiel ebenfalls knapp aus, diesmal entgegen den Erwartungen, denn sie galt als äußerst beliebt. Sie gewann die Stichwahl gegen Sauli Niinistö mit 51,8 Prozent.

Tarja Halonen galt als bodenständig, als volksnah, und dass sie oft eine Mumin-Uhr trug, sollte das sicher unterstreichen. Ihren Ehemann, Pentti Arajärvi, den sie kurz nach der Wahl geheiratet hatte, bezeichnete man in Anlehnung an die »first ladys« anderer Nationen als »first gentleman«. Zum traditionellen Saunagang mit ausländischen Politikern – überwiegend Herren – vertrat er immer wieder seine Frau und ging mit ins Schwitzbad. Von einem eventuellen gemeinsamen Saunagang Tarja Halonens mit Angela Merkel war nichts zu erfahren.

Ungewöhnlich und vorbildlich war Tarja Halonens Internetseite, die sich speziell an Kinder richtete, denen sie dort erklärte, was die Aufgaben des Präsidenten beziehungsweise der Präsidentin sind. Dort gab sie Einblick in ihr Privatleben, präsentierte u. a. ihre Tiere, die sie teils gemeinsam mit ihrer Tochter hatte, Pferd, Schildkröten und ihre Katzen, Miska und Rontti, die bekanntesten Katzen Finnlands. Sie wurden beliebt und berühmt. Wo Amerika einen »first dog« hat, hatte Finnland jahrelang »two first cats«.

Miska und Rontti sind inzwischen verstorben. Doch im Internet findet man noch Bilder der beiden. Ein Foto ist besonders beeindruckend. Eine Szene vom Sommersitz der finnischen Präsidenten mit Namen Kultaranta, Goldufer, vom Juni 2010. Die offizielle Vorstellung der neuen Kabinettsmitglieder. Die pechschwarze Miska sitzt links in der ausladenden Hofeinfahrt und schaut zur anderen Seite hinüber. Dort aufgereiht stehen die Mitglieder aus Tarja Halonens Kabinett und warten auf die feierliche Begrüßung durch die Präsidentin. Ein Schnappschuss, der suggeriert, dass die Kabinettsmitglieder sich für Miska aufgestellt hätten – und die Katze nimmt die Ehrung huldvoll entgegen!

Als Dimitrij Medwedew, zu diesem Zeitpunkt russischer Ministerpräsident, vom Tod der beiden Katzen erfahren hatte, versprach er Halonen eine sibirische Waldkatze der Art Neva Masquerade, wie er selbst eine besitzt. Das junge Tier wurde von einem russischen Beamten mit dem Tolstoi-Zug nach Helsinki gebracht und in der russischen Botschaft feierlich übergeben. Wer der Katze den Namen »Meggi« gegeben hat, ist nicht überliefert, ob russischer Ministerpräsident, finnische Ex-Staatspräsidentin oder der Bote.

Berühmte Finnen, die keiner kennt 4

Elisabeth Rehn

Die Finnin Elisabeth Rehn war von 1990 bis 1995 die erste Verteidigungsministerin der Welt. (Indira Gandhi war 1975 zwar Befehlshaberin der indischen Armee, aber als Premierministerin.) Zeitgleich war Rehn Ministerin für »gender equality«, Gleichstellungsministerin.

Elisabeth Rehn ist Finnlandschwedin, gehört nach

eigenen Worten daher einer doppelten Minderheit in Finnland an: Frau und Schwedin. Sie ist Mitglied der Schwedischen Volkspartei, studierte Betriebswirtschaft und arbeitete als Bürovorsteherin und im Vorstand finnischer Unternehmen.

Eine kuriose Episode in ihrem Berufsleben: In den 1960er Jahren hat Elisabeth Rehn Tupperware in Finnland eingeführt. Sie ist also nicht nur durch die Politik eine verdiente Frau des Volkes! Sie gründete die Firma Oy Elirex Ab mit dem Ziel, einen Finnland-Vertrieb für Tupperware aufzubauen. Ihre Garage diente als Lager. Anfangs hatte sie alles selber gemacht: Lager und Logistik, war Fahrerin, Verkäuferin und Geschäftsführerin in einem. So nah zumindest an den finnischen Frauen gearbeitet zu haben, wird der späteren Politikerin eine gute Schule und Recherchezeit gewesen sein.

Der Posten des Verteidigungsministers war zu Beginn ihrer Dienstzeit »nicht sehr wichtig«, sagte sie im Interview der Journalistin Anne Haeming. Die außenpolitischen Themen wurden damals noch komplett von Präsident und Außenminister besetzt. Rehn vermutet, sie wurde nur auf diesen Posten befördert, weil die erste Frau weltweit in dieser Position zum liberalen Parteiimage passte und Aufmerksamkeit brachte. Im Juni 1990 wurde sie ernannt, zwei Monate später marschierte der Irak in Kuwait ein, und sie hatte plötzlich eine Schlüsselposition inne, denn Finnland war Mitglied im UN-Sicherheitsrat.

1994 unterlag Rehn im Präsidentschaftsrennen knapp gegen Martti Ahtisaari von den Sozialdemokraten, 2000 verlor sie deutlich schon im ersten Wahlgang. 2000 wurde dann mit Tarja Halonen, einer Sozialdemokratin, doch erstmals eine Frau Staatspräsidentin von Finnland.

Rehn blieb nach ihrer Amtszeit als Ministerin im Europaparlament, in verschiedensten Funktionen bei der UN, u. a. als Sonderberichterstatterin, war außerdem führend beim finnischen UNICEF, beim finnischen Roten Kreuz und im WWF, dem World Wildlife Fund, in Finnland tätig.

Die anfangs belächelte Ministerin zieht heute eine stolze Bilanz ihrer Arbeit: »Ich ging streng gegen Mobbing vor, als noch keiner davon sprach.« Manche ihrer Entscheidungen wirken auf den ersten Blick kurios. Gefragt nach ihrer ersten Amtshandlung sagt sie, sie habe als Erstes dafür gesorgt, dass die Toiletten in den Kasernen Türen bekamen. Was im ersten Augenblick irritierend erscheint, wofür sie anfangs ausgelacht wurde, war nur der Beginn einer konsequenten Arbeit für die Soldaten. Die Toiletten hatten keine Türen gehabt. Dabei seien sie – wie Rehn meinte – der einzige Ort, an dem die jungen Männer mal alleine wären und in Ruhe masturbieren könnten. Also ordnete sie an, Türen einzusetzen. Sie war überzeugt, dass auch solche Kleinigkeiten zählen. Ihr Fazit dieser Amtszeit: »Dank mir haben sich Gesellschaft und Armee wieder angenähert. Die Armee hörte unter mir auf, nur der Sandkasten für die Männer zu sein, wo sie ein bisschen spielen konnten. Auch weil ich die Hierarchien aufbrach.«

Hella Wuolijoki

Wahrscheinlich ist Hella Wuolijoki Finnlands bekannteste Schriftstellerin – durch ein Werk der Weltliteratur, ein Theaterstück von Brecht. Gleichzeitig ist sie mindestens im deutschsprachigen Raum völlig unbekannt. Wuolijoki ist die Co-Autorin von Brechts Theaterstück »Herr Puntila und sein Knecht Matti«. Sein »finnisches Stück« quasi. Wie es dem Text vorangestellt steht: »Geschrieben nach den Erzählungen und einem Stückentwurf von Hella Wuolijoki«.

Zugrunde liegt Brechts Volksstück das Manuskript für eine Farce Wuolijokis, »Die Sägemehlprinzessin«, im Original *Sahanpuruprinsessa*. Seit damals gelten beide als Co-Autoren für beide Fassungen: die deutsche von Brecht und die finnische *Iso-Heikkilän isäntä ja hänen renkinsä Kalle*, »Der Bauer von Iso-Heikkilä und sein Knecht Kalle«.

Hella Wuolijoki hat 13 Monate lang sehr eng mit

Bertolt Brecht zusammengearbeitet und gelebt, sie beherbergte ihn in ihren Häusern und half ihm in seinem finnischen Exil. Brecht war aus Deutschland geflohen, zuletzt über Dänemark und Schweden, und wartete auf ein Visum nach Amerika. Brecht war mit großer Begleitung unterwegs, mit seiner Frau Helene Weigel und seinen beiden Kindern, mit der Geliebten Ruth Berlau, die entfernt, aber deutlich sichtbar für alle lebte, und seiner »Sekretärin« Margarete Steffin, selbst Autorin und Schauspielerin und ebenfalls eine Geliebte, in manchem Brechts Co-Autorin, die großen Anteil an seinen Werken hat.

Geboren wurde Hella Wuolijoki 1886 in Estland als Ella Murrik und wuchs mit den Sprachen Estnisch und Deutsch auf. Ab 1904 studierte sie in Helsinki und blieb ab nun in Finnland, beeindruckt und beeinflusst von der russischen Revolution 1905 gegen den Zaren. Ihr erster Mann, der Parlamentarier Sulo Wuolijoki, war ein Freund von Lenin. Die Ehe wurde nach 15 Jahren geschieden. Sie hatten eine Tochter, Vappu.

Hella Wuolijoki war eine linke Schriftstellerin und Geschäftsfrau im Holzhandel. Sie führte einen literarisch-politischen Salon. Als Schriftstellerin war sie erfolgreich, z. T. unter dem Pseudonym Juhani Tervapää.

Hella Wuolijoki versuchte während des Winterkriegs zwischen Finnland und Russland friedensstiftende Gespräche zu vermitteln, sie hatte Beziehungen in intellektuelle Kreise und zum sowjetischen Sicherheitsapparat und versuchte genauso, den folgenden Fortsetzungskrieg zu verhindern. Sie galt den finnischen Sicherheitsbehörden zwischenzeitlich als Spionin. In Kalifornien lebend, gaben Brecht und Ruth Berlau später eine eidesstattliche Erklärung für Hella Wuolijoki ab, als sie unter den Verdacht geriet, eine russische Spionin zu sein. Hella Wuolijokis Leben ist jetzt längst zu einer echten James-Bond-Geschichte geworden, mit Verhören und Intrigen. Ihre pazifistischen Absichten galten als staatsgefährdend. Wuolijoki erhielt eine lebenslange Haftstrafe wegen Hochverrat, obwohl sie sich furios verteidigte, war aber weiter von der Todesstrafe bedroht. Nach dem Krieg wurde sie begnadigt. Ihre Haft endete mit dem Moskauer Waffenstillstandsvertrag 1944.

Nach dem Zweiten Weltkrieg wurde sie die Fraktionsvorsitzende der linken Demokratischen Union des finnischen Volkes im finnischen Reichstag, von 1945 bis 1949 die Direktorin von YLE, dem finnischen Rundfunk. 1952 erhielt sie für ihre künstlerischen und journalistischen Arbeiten die »Pro-Finlandia-Medaille«.

Es ist vollbracht

Da, plötzlich das Ortseingangsschild von Helsinki. Irgendjemand müsste mir mit der schwarzweiß karierten Zielflagge winken.

Kilometerstand: 186 086. Ich bin 4773 Kilometer unterwegs gewesen, habe einmal das Land umrundet. Menschen getroffen und Tiere gesehen. Wetter durchlebt und Landschaften durchfahren. Unter Bäumen gelegen und im Auto geschlafen. *Mökkis* bewohnt und in Saunas geschwitzt. Viel geschwiegen, viel geredet, viel zugehört, viel erfahren. Die wohl reichsten Wochen meines Lebens verbracht.

Ich wollte noch eine letzte Außergewöhnlichkeit dieses Landes erleben: ein *kesähotelli*, das Sommer-Hotel. Während der Ferienzeit, wenn die Schüler und Studenten frei haben, kann man in einigen Schulen, manchmal auch in Studentenwohnheimen übernachten. Also lag ich in Helsinki am Abend grinsend in meinem Bett in einem Klassenzimmer und stellte mir vor, deutsche Hausmeister müssten diesen jährlich zweifachen Umbau vornehmen.

»*Die erste Nacht am Galgen ist die schlimmste.*«

(Finnisches Sprichwort)

Sprache, Buch und Bibliotheken
Der lesehungrige Finne

Die finnische Sprache

Zur finnischen Sprache ist in sämtlichen Büchern über, zu, von und aus Finnland schon viel gesagt worden. Ganz fehlen soll sie hier trotzdem nicht.

Eigentlich gibt es Finnisch und Hochfinnisch. Allerdings spricht kaum jemand Hochfinnisch, noch nicht einmal in Helsinki. Letztlich spricht fast jeder Finne irgendeine Mundart.

Die finnische Grammatik steht im Grunde auf einer Stufe mit den großen Naturkatastrophen. Man ist froh, wenn man sie nicht erlebt. Es gibt 15 Fälle, einige davon, etwa drei, aber auch nur für »alle« Fälle, die sind in Finnland so wenig im Gebrauch wie im deutschen Durchschnittshaushalt das Bratenthermometer.

Das Finnische arbeite mit »Suffixen«, angehängten Endungen, in denen alles grammatikalisch Relevante enthalten ist. Präpositionen, besitzanzeigende Fürwörter, Zeitformen, im Finnischen kommt alles nach hinten und wird dort aufgereiht.

Um die entstehenden Wortkaskaden überhaupt noch sprechen zu können, verarbeitet der Finne so viele Vokale, dass es an ein Wunder grenzt, dass andere Sprachen auch noch welche abbekommen haben. Die Ansammlung und Doppelung von Vokalen und Konsonanten ist ehrfurchtgebietend. Das Deutsche kennt nur ein entsprechendes Wortgebilde: »Meerrettich«.

Die finnische Sprache ist zwar extrem schwer zu lernen, wegen der Grammatik, aber sie ist auch lustig, wegen der Vokabeln. Wichtig: Viele Worte sind mit i-Endungen regelrecht aus dem Deutschen eingefinnischt, *bakteeri* – Bakterie, *patteri* – Batterie oder *peruukki* – Perücke.

Manche Worte wurden sogar direkt übernommen, wie Hai, der auch auf Finnisch *hai* heißt, wie *auto* – Auto, oder wurden fast übernommen wie *avokado* – Avocado.

Nur winzige Lautverschiebungen machen aus dem finnischen *taateli* die deutsche Dattel. Oder der Finne fügt ein »i« an, lässt dafür aber einen anderen Buchstaben weg wie in *pitsi* – Spitze. Die Ähnlichkeiten sind immer wieder frappierend und oft auch witzig, wie *manteli* – Mandel, *normi* – Norm oder *optimisti* – Optimist.

Nach intensivem Vokabelstudium habe ich mittlerweile eine zweite Theorie aufgestellt: Vielleicht ist es ja genau andersrum und wir haben all die finnischen Worte eingedeutscht, indem wir ihnen einfach das »i« weggestrichen haben?

Die 11 wichtigsten finnischen Worte	
hei – Hallo	*hei-hei* – Tschüs
moi – Hallo	*moi-moi* – Tschüs
terve – guten Tag	*joki* – Fluss
hyvää päivää – guten Tag	*järvi* – See
näkemiin – auf Wiedersehen	*kiitos* – Danke
	anteeksi – Entschuldigung

Auf meinen Reisen durch das Land begann ich Worte mit vielen gleichen Vokalen zu suchen: *sahatavaraa* am Ortsausgang von Ivalo war dabei mein Liebstes, es bedeutet Sägeholz. Sechsmal »a«! Es wird dicht gefolgt von *Aavasaksa*, einem Berg in Lappland, kurz unterhalb des Polarkreises. Fünfmal »a«. Aber auch *näätä* finde ich imposant, immerhin drei »ä« bei nur fünf Buchstaben, es heißt Marder.

Das große Wörterbuch *Suomi-saksa-suomi sanakirja* listet unter zehntausenden Worten keines mit »w« und nur zwei mit »x«, eines davon *x-kromosomi*, das wohl nicht übersetzt werden muss, 24 Worte mit »c«, darunter *chatata* – chatten und *cembalo* – Cembalo, auch unter »z« findet man nur sieben Worte, dabei *zeppeliini* – Zeppelin.

Einfach ist auch die Aussprache. Als kleine Anleitung: Man spricht mehr oder weniger wie man schreibt, aber es wird die erste Silbe betont. Viele Worte sind aus zwei oder mehr eigenständigen Worten zusammengesetzt, dabei wird quasi jedes Wort neu auf der ersten Silbe betont. Ein »h« vor einem

Konsonant wird – meist, nicht immer, sonst wär es ja zu einfach – wie ch gesprochen. Allerdings, so erklärte mir eine Expertin, gebe es ch-Laute im Deutschen vor vorderen und vor hinteren Vokalen, das Finnische entspreche eigentlich keinem von beiden, wenn dann aber eher dem »ch« vor hinteren Vokalen wie in »kochen«. Ich weiß, dass solche Erklärungen mehr verwirren als helfen, aber wenn es nun mal so ist?

Meine 14 absoluten Lieblingsworte auf Finnisch	
ahdas – eng	*marginaali* – Rand, Gewinn-spanne
diagnoosi – Diagnose	
ei-kenenkään-maa – Nie-mandsland	*pilleri* – Pille, Tablette
	ohjaaja – Fahrer, aber auch
fysiikka – Physik	Chauffeur, Regisseur, Pilot
glögi – Glühwein	*sokki* – Schock
hakaneula – Sicherheitsnadel	*synti* – Sünde
helvetti – Hölle	*sytytyslanka* – Zündschnur
(aber: Schweiz – *Sveitsi*)	*töötätä* – hupen

Ich hatte ja schon vom *kahvi* erzählt und der großen Vorliebe der Finnen zum Kaffee. Getrunken wird der in der *kaffepaussi*. Dieses Wort gibt es auch in der stärker finnisierten Variante *kahvipaussi*. 2006 wurde die *kaffepaussi* vom deutschen Sprachrat als »ausgewandertes Wort des Jahres« ausgezeichnet. Im Wörterbuch *Suomi-saksa-suomi sanakirja* ist die *kahvipaussi* allerdings nicht gelistet, auch das ebenfalls für den Wettbewerb eingereichte *besservisseri* findet man dort nicht. Ist es vielleicht sogar wie das *sikspäkki* eine urbane finnische Legende?

Die *kaffepaussi* jedenfalls ist ein zufälliger Sieger, denn der wurde vom Projekt »Die Macht der Sprache« des Goethe-Instituts aus den Zusendungen zur »Wörterwanderung« per Los bestimmt. Eingeschickt hatte das Wort eine Deutsche, die es an einem Bus in Turku gelesen hatte. Der Fahrer machte Pause und las. Man findet im Internet mehrere dieser Bilder. Demnach heißt *kaffepaussi* übersetzt »kurze Pause« oder eben auch: »derzeit außer Betrieb«.

Die 13 nützlichsten Worte

Mückenspray – *hyttyssuoja*	Bier – *olut*
Benzin – *bensiini*	Wurst – *makkara*
Tankstelle – *huoltoasema,*	Würstchenbude – *nakkikioski*
bensiiniasema	Bratenthermometer –
Starthilfe – *kaapelikäynnistys*	*paistomittari*
Toilette – *vessa*, WC	links – *vasemmalla*
Toilettenpapier – *vessapaperi,*	rechts – *oikealla*
WC paperi	geradeaus – *suoraan*

Der Finne liest

Finnland ist ein Leseland. Jeder dritte Finne liest im Monat mindestens einen Roman. Vielleicht sind die langen, dunklen Winter eine Erklärung dafür.

Jährlich kommen in Finnland ca. 10 000 Neuerscheinungen auf den Markt, veröffentlicht in rund

3500 Verlagen, die meisten davon Kleinverlage. Eine Gruppe von etwa 100 Verlagen ist zum Finnischen Verlegerverband zusammengeschlossen und produziert fast 90 Prozent der verkauften Bücher. Und 2014 machte der Finne sich mit seinen Büchern auf nach Deutschland. Die Buchmesse Frankfurt, die als größte der Welt gilt, lädt jährlich ein Gastland ein, für 2014 Finnland. Die Finnen kreierten für ihren Messeauftritt den Slogan »Finnland. Cool.« Der Slogan stammt von Roman Schatz, einem deutschen in Finnland lebenden und arbeitenden Buchautor, Journalisten und Schauspieler.

In einer vorbereitenden Pressekonferenz in Frankfurt am Main auf der Buchmesse 2013, symbolisch passend am *Aleksis Kiven päivä*, dem 10.10., sagte Paavo Arhinmäki, der finnische Minister für Kultur und Sport: »Im Grunde beruht die ganze Erfolgsgeschichte Finnlands auf dem Lesen und seiner Bedeutung für die Entwicklung der Gesellschaft und des Individuums.« Und Schatz ergänzte: »Finnland hat seine heutige Größe nicht durch militärische Macht oder ökonomische Potenz erreicht, sondern allein durch seine Kultur, in der Lesen und Bildung die Hauptrollen spielen.«

Jedes Jahr werden etwa 300 finnische Titel übersetzt. Insgesamt erscheinen sie in 40 Sprachen. Am erfolgreichsten sind die finnischen Autoren in Deutschland und Estland.

Die meistverkaufte finnische Autorin, Laila Hirvisaari, schreibt historische Romane. Mit »*Me, Keisarinna*« über Katharina die Große führte sie 2013 mit 62 300 Exemplaren die Bestsellerlisten an. Keines ihrer Bücher ist auf Deutsch übersetzt. Der einzige finnische Literaturnobelpreisträger ist Frans Eemil Sillanpää. Auch von ihm ist kein Buch in Deutschland erhältlich.

Der international erfolgreichste finnische Roman spielt weit außerhalb Finnlands, »Sinuhe der Ägypter«, ein historischer Roman von Mika Waltari aus dem Jahr 1945. Er wurde ein internationaler Bestseller und führte ab 1949 in den USA die Liste der bestverkauften ausländischen Romane an, bis Umberto Ecos »Der Name der Rose« 1984 erschien. Insgesamt wurde Waltaris Roman in 40 Sprachen übersetzt.

In Deutschland veröffentlicht seit Jahrzehnten Arto Paasilinna für seine Gemeinde stoisch jährlich einen Roman mit sehr skurrilen Storys und findet eine breite Leserschaft. Manche seiner Titel erreichen Auflagen von mehr als 100 000 Exemplaren. Ansonsten hat es, neben der zahlreichen Krimi-Literatur, eigentlich nur Sofi Oksanen (»Fegefeuer«) geschafft, sich wirklich im deutschen Büchermarkt als Größe zu etablieren.

Die Finnen sind in vielen Disziplinen Weltmeister, auch im Frequentieren der Bibliotheken. Jährlich geht der Finne – zumindest statistisch – dreizehnmal in die Bücherei, der Deutsche grade dreimal. In den Bibliotheken stehen 7,89 Bücher pro Kopf der Bevölkerung, in Deutschland 1,65. Jeder Finne tätigt jährlich bis zu 21 Ausleihen, der deutsche 5,31.

Die finnischen Kommunen müssen laut »Bibliotheksgesetz« Bücher kostenlos und für alle erreichbar bereitstellen. So sind schon vor Jahrzehnten die Büchereibusse entstanden, die auch entlegenste Ortschaften anfahren, denn die Teilhabe aller an allem ist eine der wichtigsten finnischen Prämissen. Wie Paavo Arhinmäki sagte: »Die wichtigste Ressource der Finnen ist die Bildung, ihre Fähigkeit, das Gelesene zu verstehen und sich Wissen anzueignen. Das hat uns geholfen, eine nationale Identität zu schaffen. Das ist das starke Fundament unserer Unabhängigkeit und unserer Zukunft.«

Finnische Krimis

Der Schweden-Krimi dominierte jahrelang die Ikea-Regale. Sjöwall-Wahlöö. Henning Mankell. Dann Stieg Larsson. Im Leseland Deutschland kamen nach den Schweden die Norweger, Jo Nesbø, und dann die Isländer. Ganz klammheimlich schob sich in den letzten Jahren der Finnland-Krimi daneben. Deutschland ist für die finnischen Kriminalschriftsteller, genau wie für die meisten der skandinavischen Krimi-Autoren, ein regelrechtes Goldgräberland. Hier erzielen sie Auflagenerfolge wie kaum in anderen Ländern.

Taavi Soininvaara, dessen Bücher zuerst allesamt »Finnisches« mit im Titel aufnahmen, »Finnisches Blut«, »Finnisches Requiem« usw., schreibt Polit-Thriller. Ebenfalls dem Spannungsgenre verschrieben haben sich Matti Rönkä, Ilkka Remes und Harri Nykänen. Die wohl erfolgreichste Frau ist Leena Lehtolainen, ihr folgt Auli Mantila.

In der Fülle finnischer Fälle werden Alliterations-Fetischisten beglückt sein von Markku Ropponens Büchern. Sie tragen Titel wie »Faule Finnen fangen keine Fische« und, nicht ganz so perfekt, »Tote Finnen tanzen keinen Tango«. Man weiß gar nicht, wie lang diese Autoren-Liste wäre, wäre Finnland größer.

Mit die erfolgreichsten Finnland-Krimis werden aber von einem Deutschen geschrieben, von Jan Costin Wagner, der mit seiner Familie zwischen Frankfurt am Main und Finnland pendelt. 2003 führte er die Figur des Ermittlers Kimmo Joentaa ein. Dessen fünfter Fall, erschienen 2014, »Tage des letzten Schnees«, wurde hymnisch gefeiert – auch wenn ein deutscher Kritiker monierte, »Passt schon!« sei bayrisch und nicht finnisch.

Durch das Meer der inländischen und ausländischen Krimi-Autoren führt als Leuchtturmsignal der Finnische Krimipreis, *vuoden johtolanka*, der jährlich von der »Finnischen Gesellschaft des Detektivromans«, *Suomen dekkariseura*, verliehen wird, die wiederum eine vierteljährlich erscheinende Kriminalzeitschrift publiziert, *Ruumiin Kulttuuri*, »Leichenkultur«.

Inzwischen zeichnet der Preis jeweils ein Buch eines finnischen Autors aus und dazu einen Autoren, meist mit Gesamtwerk, das in die Landessprache übersetzt wurde. Außerdem werden Ehrenpreise vergeben. Der Preis geht nicht ausschließlich an Autoren, sondern hin und wieder auch an Regisseure oder TV- und Hörfunkproduktionen. Der Gewinner bekommt eine Holzskulptur mit dem Relief des Kommissars Palmu, einer Romanfigur von Mika Waltari, dem lange sicher erfolgreichsten finnischen Autor, z. B. des historischen Romans »Michael der Finne« und zahlreicher Krimis.

Murakami und Marimekko

Kurios ist es, wenn man Finnland plötzlich in Romanen anderer Kulturkreise entdeckt. Bei Haruki Murakami, den viele für den kommenden Literaturnobelpreisträger halten, spielen die entscheidenden Kapitel im neuen Buch in Finnland. »Die Pilgerjahre des farblosen Herrn Tazaki« führen die Hauptfigur schließlich nach Helsinki. Herr Tazaki hatte sein

Land noch nie verlassen, war noch nicht einmal im eigenen Land gereist. Und dann schickt ihn der Autor sofort nach Finnland. Denn Murakami braucht für seine Geschichte ein Land mit Stille und Weite. An einer Stelle heißt es über Tazaki, seine Gedanken manifestierend: »Er war genau am richtigen Ort.« Kann man Größeres über Finnland schreiben?

Als Herr Tazaki von seinem überraschten Vorgesetzten zur Reise befragt wird und was man dort kennen müsse, sagt dieser: »Sibelius, Filme von Aki Kaurismäki, Marimekko, Nokia, die Mumin-Familie.« Sehr viel mehr wusste Murakami aber offensichtlich leider auch nicht vom Land, sonst hätte er seinen Protagonisten nicht ausgerechnet in eine Pizzeria geschickt. Das muss mangelnder Ortskenntnis geschuldet sein. Und Murakami sagte auf die Frage, ob er Finnland bereist habe, in der Tat, dass er in den 1980er Jahren einmal dort gewesen sei, aber alles vergessen hätte. Erst als der Roman beendet war, sei er wieder hingefahren, und es habe ihm gefallen. Er recherchiere nicht gern. Das hemme die Vorstellungskraft. Aber sein erdachtes Finnland habe genauso ausgesehen wie die Wirklichkeit.

Das kulturelle Interesse der Finnen ist gigantisch und beschränkt sich nicht aufs Lesen. Allein ins »Sprechtheater« gehen jährlich 3,1 Millionen Menschen. Jeder zweite Finne geht also – statistisch – einmal im Jahr ins Theater. Demnach wäre Theater populärer als Eishockey!

Trotzdem ist die finanzielle Situation der Theater und freien Gruppen alles andere als rosig, und den Kulturhungrigen stehen auch etliche »Kulturverhinderer« gegenüber. Ein »Problem« des zeitgenössischen finnischen Theaters, sagt die Leiterin des Theaterfestivals »Baltic Circle« in Helsinki, Eva Neklyaeva, bestehe in der fehlenden Internationalität: »Ich denke, da ist auch einfach die Sprache ein Hindernis: Kein anderer auf diesem Planeten spricht Finnisch. In Berlin kommen andauernd Künstler von woanders her. Aber in Finnland kann man nicht im Theaterbereich arbeiten, wenn man nicht wenigstens ein bisschen Finnisch spricht – deshalb gibt es fast keine Profis, die nach Finnland ziehen, um hier Theater zu machen.«

Theaterproduktionen werden finanziert, aber nicht die Tournee anschließend, um diese Produktion durch das Land zu bringen, so hat manches Stück gerade einmal vier Aufführungen in Helsinki und reist eher ins Ausland als durch die eigenen Städte.

Finnland hat 48 staatlich finanzierte Theater und 72 weitere private professionelle Theater – und natürlich werden sie erheblich weniger, je weiter nördlich man kommt, im riesigen, aber nur dünnbesiedelten Lappland sind es gerade noch drei.

»Durch Abwiegen wird die Scheiße nicht besser.«

(Finnisches Sprichwort)

Finale, Fiskars, Frühjahrslorchel

Faszination Finnland

Die gefährlichste Kneipe Helsinkis

Samstagmorgen. Ich fuhr mit der einzigen U-Bahn-Linie Finnlands in die Stadt. Im Alppipuisto-Park würde ich mir das große Umrundungsgeschenk machen. Ich würde ein Kinderkonzert sehen mit meinen Lieblingsfinnen M. A. Numminen und Pedro Hietanen. Numminen ist ein Kuriosum, ein Vielfachbegabter: Komponist, Komiker, Philosoph, Schriftsteller, Tango-Experte, Dadaist, Satiriker, eine Mischung aus Loriot, Otto und Helge Schneider. »Ich bin Underground«, sagt er.

Weiterhin tritt der fast 75-Jährige jugendlich agil auf die Bühnen, weiterhin spielt er u. a. sein Kinderprogramm mit Partner Pedro, weiterhin klettern sie dafür in ein Katzen- und ein Hasenkostüm als »*Gommi ja Pommi*« und bespaßen unter größtem Beifall Hunderte von Kindern und Erwachsenen. Was ABBA für Schweden, das ist M. A. Numminen für Finnland. Ein Denkmal! Numminen hatte Radio-Verbot, galt genauso als Enfant terrible wie er gefeiert wurde, hatte internationale Erfolge und ist ein finnischer Star. Ein Jahr zuvor war er zur documenta in Kassel eingeladen gewesen als Musiker, Komponist und Performance-Künstler.

Wir waren uns schon einmal beim Komik-Festival des Caricatura-Museums in Frankfurt am Main begegnet, deshalb hatte ich ihn nach seinem Auftritt um ein Treffen und ein Interview gebeten. Im Anschluss daran schlug er vor, noch ein Bier trinken zu gehen, »auf der härtesten Straße Helsinkis«, der *Helsinginkatu*, über die er gerade eine Dokumentation gedreht hatte. Er führte mich dort ins *Roskapankki*. Doch M. A. ist prominent. Jeder will sich mit ihm fotografieren lassen. Ihm wurde es zu viel, und er sagte: »Ich zeige dir die schlimmste Kneipe Helsinkis. Dort sitzt alles drin, was grad nicht im Knast sitzt. Hast du Lust?«

»Bist du dort meine Lebensversicherung?«, fragte ich.

»Bin ich«, grinste er. »Sie kennen alle mein Buch ›Der Kneipenmann‹.«

»Das haben sie alle im Knast gelesen?«

»Sie kennen es. Man kann nicht verlangen, dass sie es auch noch lesen.« Wieder sein jugendliches Lächeln.

Wir betraten die schlimmste Kneipe Finnlands. *Pub Kasin Kulma*. Ich schaute nach allen, die grad nicht im Knast waren. Drinnen saßen lediglich eine alte Dame und ein einsamer Mann am Fenster. Die

Barfrau freute sich über neue Kundschaft, ich war enttäuscht. »Wo sind denn die ganzen Kriminellen?«, flüsterte ich.

M. A. bestellte Gin Tonic und sagte: »Sind wohl in ihren *mökkis*. Machen Sommerurlaub. Wie alle anderen auch.«, und prostete mir zu.

Ein typisch finnischer Tag

Ein richtig guter, typischer finnischer Tag beginnt mit Kaffee. Dazu gibt es *leipäjuusto*, Quietschkäse, und *lakka*, Moltebeeren. Dann fährt der Finne mit seiner Familie zum *mökki*, egal wie viele hundert Kilometer das entfernt liegt. Je nach Tages- und Jahreszeit zündet er als Erstes ein Feuer im Haus an. Die Finnin kocht Kaffee. Dann geht der Finne in den Wald, fällt einen Baum und sägt ihn in Stücke. Die Frau ist in dieser Zeit mit den Kindern im Wald und pflückt Blaubeeren. Dann backen sie einen Blaubeerkuchen. Der Finne spaltet das Holz und stapelt die Scheite zum Trocknen, um Nachschub zu haben, weil er ja grad einen anderen Baum verfeuert. Dann essen alle Blaubeerkuchen und trinken Kaffee. Auch die Kinder.

Anschließend rudert der Finne mit den Kindern auf den See und angelt einen Hecht. Oder im Fluss einen Lachs. Oder einen anderen Fisch. Der wird ausgenommen und gegrillt oder in den Ofen geschoben. Dann trinkt der Finne einen Kaffee, bevor er Wasser aus dem See holt und das Saunabecken auffüllt. Ist alles fertig, zündet er den Saunaofen an. Dann isst der Finne mit seiner Familie den Fisch. Danach trinken alle noch einen Kaffee. Die Finnin geht in den Garten und gießt die Blumen und schaut nach dem Gemüse.

In dieser Zeit geht der Finne mit den Kindern in den Wald und schneidet mit ihnen Birkenzweige und bindet sie zu einem *vihta*, dem Birkenbüschel. Dann gehen alle in die Sauna. Da trinkt der Finne ein Bier. Die Finnin auch. Die Kinder bekommen Saft, den die Finnin aus den restlichen Beeren gekocht hat. Die Birkenbüschel haben sie mitgenommen, sie übergießen sie mit heißem Wasser, damit alles lecker riecht. Sie schlagen sich gegenseitig damit auf die Haut, die Beine, die Arme, den Rücken. Dann schwitzen sie noch etwas, und danach springen die Finnen in den See, auch im Winter. Dafür haben sie ein Loch ins Eis gebohrt und gesägt.

Nach dem Bad im See gehen sie wieder in die Sauna. Das machen sie so lange, bis sie keine Lust mehr haben. Dann lüftet der Finne die Sauna und kippt das Wasser aus. Dann sitzen alle vor dem *mökki* und reden wenig und hören ganz viel. Dann schlafen sie tief und fest, während zwei Elche über das Grundstück traben, denn um finnische Grundstücke herum gibt es keine Zäune. Die Elche gehen zum See und trinken oder schwimmen ans andere Ufer.

Am nächsten Morgen trinken sie Kaffee und essen *leipäjuusto* mit *lakka*. Dann repariert der Finne irgendwas an seinem Haus oder baut was an, und die Finnin ist im Garten, und die Kinder spielen im Wald. Oder am See. Zwischendrin naschen sie Lakritz oder fahren in den nächsten Ort und kaufen sich ein Lakritzeis. Ansonsten geht es weiter wie am Vortag, Blaubeeren suchen, Baum fällen, Fisch fangen. Am Abend gehen alle etwas eher in die Sauna, denn später wollen die Eltern noch Tango tanzen. Dort trinken sie wahrscheinlich einen »*Koskenkorva*«, einen Wodka, oder einen »*Lakritsi*«, einen Lakritzschnaps, oder einen »*Salmiakki*«. Vor dem Zubettgehen sitzen sie wieder vor dem Mökki und schauen auf den See, den sie gut sehen können, denn es ist ja hell. Zumindest im Sommer.

Manchmal erfindet der Finne tagsüber Mobiltelefone oder Videospiele wie »Angry Birds« oder irgendetwas Nützliches wie Teleskopbratwurstgabeln.

So ist das Leben der Finnen.

Fiskars

Ich musste zur Fähre nach Turku. Mir fehlte zur kompletten Umfahrung aber noch der südwestliche Zipfel Finnlands, denn ich hatte beim Start meiner Umrundung etwas abgekürzt. Also machte ich einen Abstecher und fuhr nach Hanko und Fiskars.

Fiskars, auf Finnisch *Fiskari*, ist heute ein romantisches, beschauliches, kleines Dorf im Süden Finnlands. Pittoresk muss man geradezu sagen. Die Häuser sind allesamt liebevoll restauriert. Wohl nirgends sonst in Finnland findet man auf so wenige Häuser verteilt so viele Galerien, Kunstausstellungen und Kunsthandwerksshops. Nimmt man alle Gelegenheiten zum Kunstgenuss wahr, kann das leicht ein komplettes Tagesprogramm werden.

In den Designershops stehen interessante Seltsamkeiten, oft so unnütz wie faszinierend: stapelbare »Eierregale«, für die jedes Huhn dankbar wäre. Wiederverwertbare Getränkekühler, Würfel aus schwarzem Speckstein, die man im Gefrierfach »einfriert« und immer wieder neu verwenden kann.

Früher war hier das finnische Traditionsunternehmen Fiskars ansässig, benannt nach dem Ortsnamen. Natürlich gibt es im Ort trotzdem weiterhin einen gutsortierten und stark frequentierten Firmenshop und ein kleines Museum zur Firmengeschichte der

Firma Fiskars, verteilt in den ehemaligen Fabrikräumen und dem Privathaus der Besitzerfamilie. Erstaunlicherweise wird dieses Museum »nur« von einem kleinen Verein vor Ort betrieben und, wie es hieß, von der Firma selber nicht unterstützt.

Es lohnt sich, die angebotenen Führungen in Anspruch zu nehmen. Anna führte kompetent und charmant durch die ausgewählten Objekte. Alles begann mit einer Eisenhütte im Jahr 1649. Zur Firmengeschichte gehörte die Produktion von unterschiedlichsten Messern, Skalpellen, Operationsbestecken und Scheren natürlich. Auch Rasiermesser und Schlittschuhe umfasste die Produktpalette sowie Sicherheitsschuhe aus Holz für die Arbeiter

An der Wand lehnt eine gigantische, schwere Schere. Die Scherengriffe sind als finnischer Löwe gestaltet. Ausgeführt wurde die Arbeit von einem deutschen namens Rohrschach. Diese Schere sollte natürlich Werbung sein und die Qualität der Produkte symbolisieren. Sie wiegt 40 Kilo. 1967 wurde sie gefertigt, um damit zur Einweihung der »Christmas Street« das Band zu durchschneiden. Eingeladen hatte man dafür den berühmten amerikanischen Komiker Danny Kaye. Allerdings war ihm die Schere zu schwer, und es gelang nur mit Hilfe anderer, das Band zu durchtrennen und den symbolischen Akt zu vollziehen.

Fiskars produzierte auch für die Landwirtschaft,

legendär sind die Feldpflüge für den nationalen und internationalen Markt. Unterschiedliche Modelle für unterschiedliche Erden, Furchenbreiten und -tiefen. Alle durchaus auch verschieden im »Handling«. Legendär in Finnland ist der »Fiskars 10«, der erfolgreichste Pflug der gesamten Serie. Es war zur Mittsommernacht, erzählte Anna. Zwei Arbeiter, Freunde, verliebten sich in die gleiche Frau. Einer fasste sich ein Herz und tanzte mit ihr. Danach brachte er sie an ihren Platz zurück und ging wieder zum Freund. Der mochte nun nicht sofort zu der Frau stürmen und fragte erst einmal: »Wie tanzt sie denn?« Der antwortete: »Sie tanzt wie eine Fiskars 10. Sie geht sehr gut geradeaus, aber sie ist schwierig zu wenden!«

Anna kennt eine weitere Tanzgeschichte. In Finnland sind die sozialen Grenzen weitgehend aufgehoben. Es gibt kaum Standesdünkel und Standesdenken. Die Hierarchien sind flach, man duzt sich, auch von Untergebenem zu Vorgesetztem, auch von Arbeiter zu Firmenchef. Zum Mittsommernachtsfest gab es in Fiskars immer eine Parade zum Tanzplatz. In den 1850er Jahren hatte das Unternehmen etwa 600 Arbeiter. Damals dauerte das Fest drei Tage, denn der Chef tanzte mit jeder Frau seiner Arbeiter. Und das brauchte seine Zeit. Und seine Gattin tanzte mit jedem der Arbeiter.

Das soziale Denken der Firma Fiskars war für die damalige Zeit überhaupt vorbildlich. Jeder Arbeiter sollte ein eigenes Dach über dem Kopf haben, also eine Wohnung und Strom. Und jeder sollte eine Glühbirne besitzen. Die Firma stellte Brennholz zum Heizen zur Verfügung, und es gab ein erstes Sozialsystem – so bekam jeder bei Fieber Zucker mit einem Tropfen Terpentin!

Pilz und Bier

Sonntagmittag. Vor meiner endgültigen Abreise ging ich mit meinem finnischen Freund Ville essen, ein Fortuna-Düsseldorf-Fan, aber sonst ganz in Ordnung. Er empfahl sein Lieblingsessen: *korvasieni*. Die Frühjahrs-Giftlorchel. Die, vor der mich Pirkko und Günter in Sulkava schon gewarnt hatten.

Ich war im Ivalojoki schwimmen gewesen, ich hatte den Mücken getrotzt, da würde ich bei Pilzen nicht einknicken! Ich bestellte *korvasieni*. Mit Rentiersteak und Rentierzunge. Noch nie in meinem Leben hatte ich Zunge gegessen. Aber für die Zunge galt das Gleiche wie für die Pilze. Nicht einknicken. Nur, dass man an Zunge nicht sterben kann, höchstens vor Ekel. Bei den Pilzen ist das anders, da hat man nach 24 Stunden den Verzehr überlebt oder eben nicht. Ville sagte, Fortuna-Fan zu sein, sei manchmal wie *korvasieni* essen. Mit vollen Backen kauend konnte ich mir einfach nicht vorstellen, dass die Fortuna je so gut gespielt hatte, wie mir die Pilze im Sößchen schmeckten! Höchster Genuss! Eine kleine Geschmacksexplosion! Sogar die Zunge!

Nach dem Essen verabschiedeten wir uns. Ich fuhr los. Am Abend war ich in Turku. Meine letzte Nacht in Finnland. Morgen ging es auf die Fähre – falls das mit den Pilzen klarging. Mein Damenrad, zu dem ich inzwischen ein besonderes Verhältnis hatte, sah mich besorgt an.

Ich ging noch etwas trinken und geriet in eine Vernissage. Ein Kunstkollektiv hatte ein temporäres »Video-Café« eröffnet. Zwei Finnen rappten. Ich verstand kein Wort. Man trank Dosenbier. Nur ich war noch ohne. Ich fragte mich durch und fand eine Theke.

»Hallo, can I get a beer, please?«

»No, we are not allowed to sell beer, I'm sorry.« Der junge Mann in Zimmermannshose antwortete mit einem seltsamen Akzent in seinem Englisch.

Ich fragte zurück. »Du sprichst so komisch. Bist du Deutscher?«

Ja, war er. »Hallo, ich bin Sebastian.« Er gehörte dazu, war einer der Künstler. Lebte in Turku. Und erklärte mir, worum es hier ging.

Ich unterbrach irgendwann: »Und das Bier?«, fragte ich.

Nun wurde er ganz finnisch. »Nee, dürfen wir

nicht verkaufen. Du kennst ja die finnischen Alkoholgesetze. Aber du kannst Lose kaufen. Für zwei Euro das Stück.« Er grinste. »Und jedes Los gewinnt.«

Ich zog die Nummer 33.

»Das sieht gut aus«, sagte er und ging zum Kühlschrank. Ich gewann eine Dose Bier. Und gewann später auch noch mit den Losen 26, 93, 14 und 108. Beim dritten oder vierten Bier las ich irgendwann die Dosenaufschrift: »*Nobelaner. Saksalainen olut*«. Das hieß: Deutsches Bier. Ich fragte Sebastian. Er grinste: »Ja, das gibt's hier bei Lidl.«

Ich kaufte ein letztes Los und dachte: Falls das mit den Pilzen schiefgeht – Finnland? Kein schlechtes Land, um zu sterben.

»*Weine nicht, hässliches Kind, morgen*
kaufen wir dir eine Maske.«

(Finnisches Sprichwort)

Finnland erleben ohne hinzufahren 1

Bücher aus Finnland

1. Sari Peltoniemi: Der kleine Hund, der unbedingt ein Mädchen haben wollte, Originaltitel: *Kerppu ja tyttö* (»Kerppu und das Mädchen«)
   Ein zauberhaftes Kinderbuch, in dem Lenka, das Hundemädchen, sich einen kleinen Menschen wünscht. Die Hundeeltern raten dringend ab, denn Menschen machten nur Arbeit, und man müsse sie erziehen.

2. Salah Naoura: Matti, Sami und die drei größten Fehler des Universums
   Ein vielfach und zu Recht preisgekröntes Kinderbuch über Sehnsucht, Lügen und Glück. Geschrieben von einem Deutschen, dessen syrischer Name absolut finnisch klingt.

3. Tuomas Kyrö: Bettler und Hase, Originaltitel: *Kerjäläinen ja jänis*
   Ein bisschen vielleicht die finnische Version des »Hundertjährigen, der aus dem Fenster stieg und verschwand«, aber doch wieder ganz anders, ein Kaleidoskop des gegenwärtigen Finnland.

4. Sofi Oksanen: Fegefeuer, Originaltitel: *Puhdistus* (»Säuberung«)

Eine tief berührende, fast verstörende Geschichte über Schuld und Sühne, die Begegnung zweier Frauen, spielend in Estland, von einer der erfolgreichsten jungen finnischen Autorinnen. Das einzige Buch, das beide großen finnischen Literaturpreise zugesprochen bekam, den Finlandia-Preis und den Runeberg-Preis.

5. Aki Ollikainen: Das Hungerjahr, Originaltitel: *Nälkävuosi*

2012 als bestes literarisches Debut ausgezeichnet, karg, brutal, mitreißend. Eine existentielle Geschichte aus dem Hungerjahr 1867 um Hoffnung und Überleben.

6. Vainö Linna: Kreuze in Karelien, Originaltitel: *Tuntematon sotilas* (»Der unbekannte Soldat«)

Der meistgekaufte finnische Roman, über eine halbe Million Exemplare wurden abgesetzt, erschienen 1954. Ein Nationalmythos, auch die Verfilmungen, bisher gibt es zwei. Seit 2000 wird die erste jedes Jahr zum Unabhängigkeitstag gesendet. Schon im Kino hatte sie 2,8 Millionen Zuschauer, mehr als das halbe Land. Der Roman beschreibt schonungslos, anfangs fast mit Humor, oft brutal realistisch Finnland im »Fortsetzungskrieg« gegen Russland, das Schicksal einer Maschinengewehrkompanie.

7. Antti Tuuri: Fünfzehn Meter nach links, Originaltitel: *Viisitoista metriä vasempaan*
   Seltsamer Titel, aber ein schönes Buch. Eino Sand kommt als Vertreter mit einem VW-Bus voller Bücher nach Deutschland – und ist konfrontiert mit einem seltsamen Volk, den Deutschen. Sehr, sehr witziger finnischer Blick auf das Leben in Deutschland.
8. Aleksis Kivi: Die sieben Brüder, Originaltitel: *Seitsemän veljestä*
   Der Klassiker der finnischen Literatur; anfangs von der Kritik verrissen, erlebte der Autor seinen Welterfolg nicht und konnte ihn in seinen Depressionen weder erhoffen noch erahnen. Ein Bildungs- und Erziehungsroman, den (intellektuellen) Zeitgenossen zu drastisch, geradezu denunzierend in der Schilderung sozialen Lebens im damaligen Finnland.
9. Arto Paasilinna – eigentlich alle Bücher, aber vor allem: Der wunderbare Massenselbstmord, Originaltitel: *Hurmaava joukkoitsemurha* (»Der hinreißende/bezaubernde Massenselbstmord«)
   Das Jahr des Hasen, Originaltitel: *Jäniksen vuosi*
   Der liebe Gott macht blau, Originaltitel: *Auta armias* (»Mein Gott!«)
10. Tove Jansson – alles, Romane und Comics!
    Mumins lange Reise (Småtrollen och den stora översvämningen, 1945), finnischer Titel: *Muumit*

ja suuri tuhotulva (»Die Mumins und die große Verwüstungsflut«)

Komet im Mumintal (Kometen kommer, 1946), finnischer Titel: *Muumipeikko ja pyrstötähti* (»Mumintroll und der Komet«)

Die Mumins. Eine drollige Gesellschaft (Trollkarlens hatt, 1948), finnischer Titel: *Taikurin hattu* (»Der Hut des Zauberers«)

Muminvaters wildbewegte Jugend (Muminpappans memoarer, 1950), finnischer Titel: *Muuminpapan urotyöt* (»Muminpapas Heldentaten«)

Sturm im Mumintal (Farlig midsommar, 1954), finnischer Titel: *Vaarallinen juhannus* (»Gefährlicher Mittsommer«)

Winter im Mumintal (Trollvinter, 1957), finnischer Titel: *Taikatalvi* (»Der Zauberwinter«)

Geschichten aus dem Mumintal (Det osynliga barnet, 1963), finnischer Titel: *Näkymätön lapsi ja muita kertomuksia* (»Das unsichtbare Kind und andere Erzählungen«)

Mumins wundersame Inselabenteuer (Pappan och havet, 1965), finnischer Titel: *Muumipappa ja meri* (»Muminpapa und das Meer«)

Herbst im Mumintal (Sent i november, 1970), finnischer Titel: *Muumilaakson marraskuu* (»November im Mumintal«)

Dazu die fünfbändige Reihe »Mumins – Die gesammelten Comic-Strips von Tove Jansson«.

Finnland erleben ohne hinzufahren 2

Musik aus Finnland

Musik ist ein weites Feld zwischen Klassik, Folk, Pop und Rock. Kaum ein Genre ist so sehr »Geschmackssache«. Hier scheiden sich die Geister, hier scheitern Beziehungen.

Finnland gilt allgemein als *das* Land des Hard Rock, des Heavy Metal, hat aber gleichzeitig eine sehr interessante Punk- und Garageszene, dazu wunderbare Folkmusiker, geradezu Erneuerer des Genres, und es gibt eine große Zahl sehr »witzig« agierender Bands. Zumindestens überraschend ist die deutsch-finnische Punk-Kooperation von »Die Lokalmatadore« mit »Klamydia« oder die Berliner Band »Kultasipi«, Deutsche, die ausschließlich finnisch singen: Finnischer Fell Folk Fantasy Metal.

Dem war mit einer einfachen Zehnerliste nicht beizukommen. Deshalb habe ich verschiedene Experten gebeten, mir jeweils ihre Top Ten zu nennen oder einen Querschnitt durch das Genre zusammenzustellen. Klassik kommt nicht vor, man höre einfach Sibelius. Tango ist nicht dabei, man höre aber auf jeden Fall »*Satumaa*« von Unto Mononen.

Bernds Mainstream – 10 Bands,
von denen man wissen muss

1. Lordi: sie gewannen in Monster-Masken den Eurovision Song Contest, in ihrer Heimatstadt Rovaniemi wurde daraufhin ein Platz in Lordi-Platz umbenannt, der vorher nach einer Figur aus dem Nationalmythos Kalevala benannt war
2. Sunset Avenue: Rock-Pop, mit Sänger Samu Haber durch »Voice of Germany« schwer populär
3. HIM: mit Sängerlegende Ville Valo, spielen Love Metal
4. Apocalyptica: vier langhaarige Cellisten auf Heavy-Metal-Trip, die inzwischen längst mit Metallica und anderen Größen gemeinsam auftreten
5. M. A. Numminen: Multikünstler, singender Philosoph, Tango-Experte, Jazzer, Kinderstar, alles!
6. Leningrad Cowboys: Legende, Filmstars, Rolemodels, Friedensstifter, weit mehr als eine Coverband
7. Sleepy Sleepers: populäre Punkband, aus der die Leningrad Cowboys hervorgingen
8. Mieskuoro Huutajat: der Chor der schreienden Männer, unfassbar witzig und gewaltig!
9. Marko Haavisto: mein Favorit, läuft dauerhaft auf jeder Finnland-Reise im CD-Player
10. Jean Sibelius: Finlandia – und alles andere auch!

Listen to me – Axels Grundwortschatz
des finnischen Rock 'n' Roll

1. Hurriganes: Drei Worte: Rock 'n' Roll. Die Finnen lieben ihre Hurriganes, man findet sie in jeder Jukebox in jeder Kneipe des Landes. Aus gutem Grund: Get on!

2. Jussi and the Boys: Rock-'n'-Roll-Veteranen, die es bereits seit 1964 gibt. Stilistisch reicht die Bandbreite der Band von 60er-Jahre-Beat über *iskelmä* (finnischer Schlager) bis Rockabilly und Country. Sänger Jussi Raittinen hat 1975 in Memphis mit Veteranen der amerikanischen 50er-Jahre-Rockabilly-Szene eine Single mit Coverversionen von zwei Elvis-Songs eingespielt.

3. Marko Haavisto & Poutahaukat: Wenn dein Leben ein Kaurismäki-Film wäre, wären die Songs von Marko Haavisto & Poutahaukat der Soundtrack deines Lebens.

4. Peer Günt: Finnlands Antwort auf Motörhead, gegründet 1976 und immer noch aktiv.

5. Hanoi Rocks: Finnlands erfolgreichste Band und größter musikalischer Exportschlager in den frühen 1980er Jahren, mit entscheidendem Einfluss auf Hollywoods Glam-Rock & Hair-Metal-Szene der 80er (Mötley Crüe, Poison etc.).

6. Eläkeläiset: Seit 1993 die Botschafter von Finnlands traditioneller *humppa*- und *jenkka*-Musik, die in

manchen Jahren mehr Konzerte in Deutschland spielen als in Finnland.

7. 22-Pistepirkko: Seit 1980 aktive Band mit Underground-Kult-Status in Europa, vor allem in den Niederlanden und in Deutschland, die mittlerweile ihr eigenes Plattenlabel betreibt. Musikalisch treffen häufig 60er-Jahre-Pop-Melodien auf finnische Melancholie, es wird aber auch rockiger oder experimenteller.

8. Viikate: Finnisch singende Melodic-Metal-Band, deren Stil auch schon mal als »Death-Schlager« bezeichnet wird, bezugnehmend auf ihre melancholischen Texte, die von alten Schwarzweiß-Liebesfilmen und Schlagersängern wie Reino Helismaa beeinflusst sein sollen. Aktuell hat die Band zehn Alben veröffentlicht, von denen es drei auf Platz eins der finnischen Album Charts schafften.

9. Klamydia: 1988 gegründete Punk-Rock-Band, die in den 1990er Jahren Songs der Mülheimer (a. d. Ruhr) Punkband Lokalmatadore auf Finnisch eingespielt hat (und umgekehrt). Beide Bands haben auch in Finnland und Deutschland zusammen getourt. Klamydia sind regelmäßig in den finnischen Charts.

10. Eppu Normaali: Wenn man möchte, die Toten Hosen Finnlands. 1976 als Punkband gegründet, begannen sie ebenfalls nach einigen Jahren langweiligen Rock zu spielen. Sie sind die erfolg-

reichste Band des Landes mit mehr verkauften Platten als Metallica und Abba zusammen.

From the heart of Rock 'n' Roll – Axels Geheimtipps

1. Badding Rockers: Frühe Band von Marko Haavisto, von der die Originalversion von *Paha Vaanii* (Der Mann ohne Vergangenheit) stammt. Benannt nach Rauli »Badding« Somerjoki, einem finnischen Sänger, der in den 1970er Jahren mit finnischen Versionen von 50er-Jahre-Rock-'n'-Roll-Songs und eigenen Nummern bekannt wurde, die häufig die typischen Elemente finnischer Populärmusik besitzen: melancholische Texte und Ratalanka-Gitarren. In den 1960er Jahren arbeitete er u. a. mit M. A. Numminen. Seinen Einfluss hört man bis heute bei Haavisto.

2. Heartburns: Klamydia mögen die erfolgreichste Punkband Finnlands sein, die Heartburns um Mastermind Teemu Bergman sind die beste Band, deren Stil am 76er/77er-Punk-Rock angelehnt ist. Deprimierende Songtexte über das Leben als junger Erwachsener, ohne Perspektive, mit Hang zum Alkoholismus und Suizid klangen nie besser.

3. Smack: Nach Hanoi Rocks die wichtigste finnische Hard-Rock-Band der 1980er Jahre. Nirvana coverten ihren Song »Run Rabbit Run«, Slash und Izzy

von Guns N' Roses erwähnten sie in Interviews und gingen auf ihre Los Angeles Shows. Ende der 1980er lebte die Band dann sogar für einige Zeit in Kalifornien. Sänger Claude starb 1996, grade 30 Jahre alt, an Herzversagen.

4. Stereo 8000: Anssi 8000 und Maria Stereo sind Stereo 8000, ein Rock-'n'-Roll-Ehepaar, die den schönsten minimalistischen Pop-Rock-'n'-Roll spielen. Vielleicht grade weil sie nicht in Helsinki leben, sondern im Ca.-2300-Seelen-Dorf Sahalahti in der Nähe von Tampere. Anssi 8000 ist bildender Künstler und Filmemacher. 2011 bekam er den wichtigsten finnischen Kunstpreis, *Ars Fennica*, verliehen.

5. T-Bird Gang: In den frühen 1980er Jahren bekamen englische Rockabilly Bands goldene Schallplatten in Finnland. So ist das heute zwar nicht mehr, aber die Szene ist lebendig wie eh und je, Bands, die Rockabilly spielen, gibt es gefühlt an jeder Tankstelle. Die T-Bird Gang ist eine der wenigen Bands weltweit, die den Stil und Sound von Gene Vincent & the Blue Caps (Be Bop A Lula) perfekt imitiert und deren eigene Songs wie Vincent-Kompositionen klingen.

6. Jussi Syren & the Groundbreakers: Vielleicht Europas beste Bluegrass-Band, die bisher neun Alben veröffentlicht hat und auch regelmäßig unregelmäßig in den USA tourt. Finnland hat eine

große Rockabilly-Tradition, und so verwundert es nicht, dass Herr Syren schon seit den frühen 1980ern ebenfalls in Rockabilly-Bands spielt.

7. Valkyrians: International erfolgreiche Band, die sich dem Ska-and-Skinhead-Reggae der 1960er Jahre verschrieben hat. (Ja, die ersten Skinheads haben Reggae gehört.) Auf ihrem 2011 veröffentlichten Album »Punkrocksteady« covern die Finnen u. a. Devo, Blondie und diverse Punk-Klassiker von The Clash oder den Misfits in Rocksteady-Versionen.

8. St. Hood: Neben Metal und Rockabilly ist Hardcore groß in Finnland, gerade auch die Kleinstadt Lahti hat eine lebendige Szene mit Bands und Plattenfirmen. St. Hood kommen aus Lahti und klingen wesentlich böser, als sie sind.

9. Black Peider: Ein-Mann-Band im Wrestler-Outfit (oder ein singender Wrestler mit Gitarre) und im normalen Leben prämierter Comic-Künstler, der 2010 für seinen Comic-Band »Eero« im Rahmen des Tampere-Comic-Festivals den Preis *Sarjakuva-Finlandia* verliehen bekam.

10. Forca Macabra: Finnische Thrash-Metal & Crust-Band, die in Portugiesisch singt. Beeinflusst ist die Band von der brasilianischen Thrash-Metal- und Hardcore-Punk-Szene der 1980er Jahre. Harte Kost, aber hart sind auch die langen finnischen Winter.

1. Verjnuarmu (Savo-Dialekt: »Blutschramme«): Sie selbst bezeichnen ihre Musik als »Savometal«. Verjnuarmu stammen aus Kuopio und singen im Dialekt dieser Region.

2. Курск (ausgesprochen Kursk): »Fast Russian Doom Metal from Finland«. Курск singen auf Russisch, der Sänger Erkki Seppänen hat mehrere Jahre in St. Petersburg verbracht und russische Sprache und Literatur studiert. Wohl die einzige finnische Band, deren Texte auf Russisch sind.

3. Turmion Kätilöt (auf Deutsch »Hebammen des Verderbens«): Industrial Metal. Das Besondere sind ihre Auftritte, bei denen sie gerne Latexsachen, riesige Nieten sowie Farbe im Gesicht tragen und auch vor SM-Aktionen auf der Bühne nicht zurückschrecken.

4. Ajattara (Name eines bösen weiblichen Waldgeistes): Dark Metal, insgesamt sehr düster und depressiv. Brachten ein Akustik-Album heraus, das sich nach Meinung mancher anhört wie »ein paar Finnen, die eine Herde Kamele herumtreiben«.

5. Amorphis (aus dem Englischen, »form- und gestaltlos«): Ursprünglich vor allem im Death Metal zu Hause, heutzutage aber recht melodisch und progressiv. Amorphis thematisieren in ihren Texten besonders die Kalevala.

6. Catamenia (»Menstruation«): Melodischer Black Metal. Obwohl ein guter Vertreter ihres Genres, ist die Band nicht so bekannt, allerdings auch schon mal im Ausland aufgetreten.

7. Finntroll: Folk mit ein bisschen Black Metal, man könnte sagen: die finnischen Folk-Metal-Pioniere. In den letzten zehn Jahren ist das Genre regelrecht aus allen Nähten geplatzt und heute extrem beliebt, vor allem auch in Deutschland. Finntroll singen auf Schwedisch.

8. Mokoma: Thrash Metal. Tiefgründiger als die vielleicht bekanntere Band Stamina.

9. Nightwish: Symphonic Metal. Wohl eine der bekanntesten finnischen Metalbands, auch im Ausland. Besonders berühmt war die Zusammensetzung mit Tarja Turunen, die die Musik durch ihre Stimme sehr opernhaft gemacht hat. Die Trennung von ihr wurde zum großen Drama.

10. Korpiklaani (»Waldklan«): Folk Metal, aber mit wirklichen Volksinstrumenten auf der Bühne anstatt eines schnöden Keyboards. Angefangen hat die Band unter dem Namen Shaman, damals waren die Texte auf Sámisch, später größtenteils auf Englisch und jetzt eigentlich nur noch auf Finnisch.

Philips Ohrkitzler für Liebhaber von Weltmusik und Ungewöhnlichkeiten

1. Kimmo Pohjonen: Akkordeon-Berserker, Erneuerer ein Derwisch, ein Ereignis!
2. Svång: Mundharmonika-Quartett
3. Alamaailman Vasarat (»Die Hämmer der Unterwelt«): European Folk, Klezmer, Jazz, Metal, großartig!
4. JPP: eine der wichtigsten und einflussreichsten Folkbands, spielen seit 1982
5. Wimme: ein Sámi, der seine Joiks mit Techno-Ambient vermischt
6. Circle: experimenteller Rock, interessant beschrieben als u. a. Speed-Kraut und Avant-Rock
7. Hidria Spacefolk: progressiver Rock/Psychodelic-Rock/Space-Rock
8. Jukka Gustavson: ein Pionier, früher auch unterwegs mit der finnischen Band-Legende Wigwam
9. Iiro Rantala: ein außergewöhnlicher Jazzpianist
10. Erkki Kurenniemi: Designer, Philosoph, Erfinder elektronischer Instrumente, finnischer Pionier im Feld elektronischer Musik und mit allen denkbaren Ehrungen und Staatspreisen ausgezeichnet

Finnland erleben ohne hinzufahren 3

Filme aus Finnland

Natürlich sollte man eigentlich alle Filme von Aki Kaurismäki sehen und viele, aber nicht alle von Mika Kaurismäki (er möge verzeihen, aber »The last Border« mit Jürgen Prochnow ist ein ganz schlimmer Mad-Max-Verschnitt!). Hier also »meine« Top Ten.

10 finnische Filme, die man gesehen haben sollte

1. Le Havre – Tragikomödie von Aki Kaurismäki
   Ein Film um einen Flüchtlingsjungen aus Afrika, ein Film voller Geflohener, Gescheiterter und Kranker, die sich alle gegenseitig stützen, trotz der Denunzianten. Ein modernes Märchen mit gutem Ausgang, das aber die Brutalitäten des Lebens nicht verleugnet. Mit Gastauftritt von Kaurismäkis Hund Laika. Neben vielen internationalen Preisen gewann er sechs Jussis, den finnischen Filmpreis.
2. Das Mädchen aus der Streichholzfabrik – Sozialdrama von Aki Kaurismäki
   Die begnadete Kati Outinen in der Rolle der von

allen ausgenutzten und ausgebeuteten Iris, die sich eines Tages und überraschend wehrt. War inzwischen auch Vorlage für eine grandiose Theaterinszenierung in Bochum.

3. Iron Sky – Science-Fiction-Komödie von Timo Vuorensola
Auf der Rückseite des Mondes lauern Nazis auf ihre Rückkehr. Großartig. Absurd. Phantastisch. Mit Udo Kier und Thilo Prückner in Gastrollen. Muss Kult werden!

4. Zugvögel ... Einmal nach Inari – Romantische Komödie von Peter Lichtefeld
»Kultfilm« mit den jungen Joachim Król und Peter Lohmeyer. Hannes, ein Looser, studiert Bahn-Kursbücher und will zum internationalen Fahrplan-Wettbewerb nach Inari. Unter Mordverdacht geraten, folgt ihm Kommissar Franck. Unterwegs verliebt sich Hannes in Sirpa und wählt, ihr zuliebe, dann im entscheidenden Wettbewerb die schönere, nicht die kürzeste Verbindung zum Ziel. Hach!

5. Leningrad Cowboys Go America – Roadmovie & Musikkomödie von Aki Kaurismäki
Die Band wurde für den Film erfunden von Sakke Järvenpää, Mitglied der damals extrem erfolgreichen Punkrockband »Sleepy Sleepers«, und Kaurismäki. Männer mit extrem langen, nach oben zeigenden Haartollen und genauso extrem langen

Schuhen mit nach oben zeigenden Spitzen spielen den schlechtesten Rock 'n' Roll der Welt und wollen mit ihrem sie ständig unterdrückenden Manager (phantastisch: Matti Pellonpää) in die Heimat des Rock 'n' Roll, nach Amerika. Nach dem Film ging diese Band auf Tournee und tourt letztlich bis heute. Film und Band öffneten Europa für Komisch-kauzig-Kurioses aus Finnland, besonders in der Musik.

6. Helsinki-Napoli all night long – Gangster-Komödie von Mika Kaurismäki

Mika, Akis Bruder, der in Berlin Film studiert hatte, drehte hier eine temporeiche und aberwitzige Berlin-Komödie mit Starbesetzung, über Finnen, Italiener, Russen und Amerikaner in Berlin. Rührende Charaktere und ein Denkmal für das Taxigewerbe. In Gastrollen Samuel Fuller, einer von Mikas Regie-Göttern, Eddie Constantine, eine Ikone des amerikanischen Gangsterfilms (»Lemmy Caution«, drehte später auch mit Fassbinder), Wim Wenders, Jim Jarmusch und Katharina Thalbach in der Taxi-Zentrale. In der Hauptrolle der fulminante Kari Väänänen.

7. Stirb langsam Teil 2 – Action-Klassiker von Renny Harlin

Renny Lauri Mauritz Harjola aus Riihimäki ist einer der wenigen auch in Amerika erfolgreichen finnischen Regisseure (und Produzenten), vielleicht der einzige. Dieser Film dürfte sein erfolgreichster gewesen sein. Niemand wird so schön durch seine Filme geprügelt und gewinnt am Ende doch noch wie Bruce Willis. Wie Willis hier halberfroren und barfuß im Unterhemd durch den Kunstschnee stiefelt, konnte sich nur ein Finne ausdenken.

8. L. A. Without a Map – Komödie von Mika Kaurismäki

Eine märchenhafte Geschichte vom Mehr-sein-Wollen als man ist, von tiefer Liebe und großen Fehlschlägen und dem guten Ende. Jede Menge Filmzitate, fabelhafte Gastauftritte von Filmgrößen wie Vincent Gallo, Julie Delpy, Johnny Depp, Anouk Aimée, Matti Pellonpää und ein Wiedersehen mit den Leningrad Cowboys – mehr kann der Kinofreund nicht wollen.

9. Der Mann ohne Vergangenheit – von Aki Kaurismäki

Wie so oft bei Aki Kaurismäki ein modernes Märchen von Zerstörung und Wiedergeburt, von Hilfe für einen Armen und Leidenden durch andere Arme, von der übermächtigen und unmenschlichen Bürokratrie, dazu ein lakonischer Humor, knappe, witzige Dialoge und mit »Paha Vaanii« und »Stay« zwei der schönsten finnischen Balladen, gespielt von den Songwritern selber, Markko Haavisto & Poutahaukat, im Film als Heilsarmee-

Band zu sehen. Die Zusammenarbeit zwischen Haavisto und Kaurismäki hatte schon mit dessen Band »Badding Rockers« für »Das Mädchen aus der Streichholzfabrik« und »Wolken ziehen vorüber« begonnen.

Es gab eine Oscar-Nominierung für den besten fremdsprachigen Film. Für »Lichter der Großstadt« hatte Kaurismäki (»Ich nutze Würde statt Make-up«) diese Nominierung als Protest gegen den amerikanischen Irak-Krieg nicht zugelassen.

10. Tango für Borowski – ein Tatort, der in Finnland spielt, von Hannu Salonen

Hannu Salonen, Finne, führt regelmäßig Regie beim Tatort und hier Axel Milberg zu Tango (Milberg im Film: skeptisch) und Mitternachtssonne (Milberg im Film: entnervt).

Auf der Seite »This is Finland«, zu finden unter »www.finland.de«, finanziert vom Ministerium für auswärtige Angelegenheiten Finnlands, durften die Leser wählen. Da das Abstimmungsergebnis so knapp ausging, wurden die Platzierungen weggelassen. Zusätzlich zur Liste fügte man an: »Das gesamte Œuvre von Aki Kaurismäki.« Es stellt sich der Gedanke ein, Kaurismäkis Filme hätten es bei dieser nicht repräsentativen Publikumsabstimmung vielleicht allesamt nicht unter die ersten zehn geschafft, und um weder die Abstimmung zu manipulieren noch die Peinlichkeit einer finnischen Filmliste ohne Kaurismäki zu offenbaren, wurde er noch flugs mit dem Gesamtwerk hinzuaddiert.

Filme, die Finnen selbst am besten finden

- Rare Exports – eine Weihnachtsgeschichte, Action und Humor von Jalmari Helander
- Helden des Polarkreises – Actionkomödie von Dome Karukoski
- Die beste Mutter – Drama von Klaus Härö
- Das Punk-Syndrom – Dokumentation von Jukka Kärkkäinen und Jani-Petteri Passi
- Steam of Life – Dokumentation von Joonas Berghäll und Mika Hotakainen
- Kreuze in Karelien – Literaturverfilmung von Edvin Laine, 1955, und von Rauni Mollberg, 1985
- Die drei Räume der Melancholie – Dokumentation von Pirjo Honkasalo
- Schwarzes Eis – schwarze Komödie & Drama von Petri Kotwica
- Böses Land – Drama von Aku Louhimies
- Ricky Rapper – Kinderbuchverfilmung von Mari Rantasila
- Eine fröhliche Fuhre – Komödie, Literaturverfilmung von Leonid Gaidai & Risto Orko

Fünf finnische Dokumentarfilme und ein deutscher,
die man gesehen haben sollte

1. Nackte Männer, nackte Wahrheiten (Mika Hota-
   kainen, Joonas Berghäll)
   Der Film hat im Englischen den schönen Titel,
   »Steam of Life«. Ein Porträt der Sauna und der
   Männer von großer Intimität: Schweigsame finnische Männer, die nur in der Sauna reden und dann
   Schicksale und Schönes mitteilen, die in der Hitze
   die Poren und die Seele öffnen.
   Interessant ist hier der finnische Titel, der auf die
   Gemeinschaftssauna in den Mehrfamilienhäusern
   hinweist mit den festen Saunazeiten: *Miesten
   vuoro*, wörtlich übersetzt »Männer an der Reihe«,
   ist also die Saunazeit für Männer.
2. Auf Wiedersehen Finnland (Virpi Suutari)
   Im Fortsetzungskrieg und in den letzten Kriegs-
   jahren des Zweiten Weltkriegs gab es Hunderte
   Verbindungen zwischen Finninnen und deutschen
   Soldaten. Viele dieser Frauen hatten für die Deutschen gearbeitet, verliebten sich und gingen mit
   ihren Männern 1944 nach Deutschland. Nach ihrer
   Rückkehr wurden sie als »Soldatenliebchen« ge-
   schmäht, ihre Kinder verachtet. In berührenden
   Dokumenten und Gesprächen reden diese Frauen
   nun, über achtzigjährig, und ein Sohn sucht die
   Spuren seines deutschen Vaters.

3. Soundbreaker (Kimmo Koskela)
Ein faszinierender Film zwischen Dokumentation und Kunstvideo über den Akkordeon-Virtuosen und -Neubeleber Kimmo Pohjonen. Hinreißende, bis ins Surreale reichende Bilder von der Landschaft Finnlands und der Sound- und Spurensuche des Künstlers weltweit, zwischen Instrument und Landmaschinen.

4. Mittsommernachtstango (Viviane Blumenschein/ Deutschland)
Drei Argentinier hören, Finnland habe angeblich den Tango erfunden. Erstaunt und fast erbost gehen sie auf Spurensuche nach Finnland und entdecken Finnen und deren Tango, der so ganz anders ist. Wunderbar. Witzig. Berührend. Einstieg und Ende mit feiner Miniperformance von Aki Kaurismäki.

5. Mama Africa – Miriam Makeba (Mika Kaurismäki)
Ein Porträt der südafrikanischen Sängerin Miriam Makeba, eine Ikone, die bis zu ihrem Tod 2008 mit ihrer Kunst und Persönlichkeit weltweit gegen Rassismus und Armut und für Gerechtigkeit und Frieden stand.

6. Total Balalaika Show (Aki Kaurismäki)
Finnisch-Russisches »Friedenskonzert«. Im Juni 1993 spielten die Leningrad Cowboys mit The Alexandrov Red Army Ensemble, dem Chor- und Tanzensemble der Roten Armee, ein Programm

von »Gimme all your lovin'« bis »Kalinka«.
70 000 Finnen kamen zum Open Air in Helsinki.

Der Jussi

Der Jussi ist der »finnische Oscar«, der nationale Filmpreis, einer der ältesten Europas, der schon seit 1944 vergeben wird. Immer zu Jahresanfang werden die Produktionen und Filmschaffenden des Vorjahres prämiert. Der Jussi, auf deutsch Johannes oder Hans, ist eine Statue, eine Männerfigur, mit Strohhut und verschränkten Armen. Ihr Wert ist symbolisch, denn sie besteht komplett aus Gips. Ihren Namen bekam sie nach der Titelfigur des finnischen Films »*Pohjalaisia*«, geschaffen hat sie der finnische Künstler Ben Renvall (1903–1979). Inzwischen wird der Preis in 14 Kategorien vergeben, jeweils drei Preiswürdige werden nominiert.

Finnische Preisträger waren u. a. die Regisseure Renny Harlin und Mika Kaurismäki, die erfolgreichsten die Regisseure Mikko Niskanen (1929–1990) und Aki Kaurismäki, beide mit sechs Auszeichnungen. Akis Bruder Mika gewann den Preis bereits viermal, davon zweimal als Regisseur.

Der Jussi für das Lebenswerk trägt den stolzen Titel »*Betoni-Jussi kunnianosoituksena elämäntyöstä elokuvan alalla*«.

Die Jussi des Aki Kaurismäki

1984 bester Erstlingsfilm, bestes Drehbuch, noch gemeinsam mit
   Pauli Pentti, für »Schuld und Sühne«
1991 Regie für »Das Mädchen aus der Streichholzfabrik«
1993 Regie für »Das Leben der Bohème«
1997 beste Regie, bestes Drehbuch für »Wolken ziehen vorüber«
2000 nominiert für Regie mit »Juha«
2003 beste Regie, bestes Drehbuch für »Der Mann ohne Vergangenheit«
2007 bester Film, beste Regie für »Lichter der Vorstadt«
2012 bester Film, beste Regie, bestes Drehbuch für »Le Havre«

Finnland erleben ohne hinzufahren 4

Bücher über Finnland

1. Finnland hören (CD): Eine Reise durch die finnische Kultur und Geschichte, von Barbara Barberon-Zimmermann
2. Finnen von Sinnen. Von einem der auszog, eine finnische Frau zu heiraten, von Wolfram Ellenberger
3. Finne dich selbst! Mit den Eltern auf dem Rücksitz ins Land der Rentiere, von Bernd Gieseking
4. Finnland – ein Länderporträt, von Rasso Knoller
5. Dänen lügen nicht. Kuriose Geschichten aus Skandinavien, hrsg. von Kristof Magnusson
6. Die gefährlichste Marmelade der Welt. Berichte über die Finnen, von Manfred Pienemann
7. Nordlicht, Joik und Rentierschlitten. Lebensweisen in Lappland, von Barbara Schaefer
8. Gebrauchsanweisung für Finnland, von Roman Schatz
9. Die spinnen, die Finnen. Mein Leben im hohen Norden, von Dieter Hermann Schmitz
10. Kleines Finnland-Quiz. Die Finnen und ihr Land, von Gunther Schunk und Karin Bayha

»*Guter Rat ist wie Schnee, je leiser er fällt,
desto länger bleibt er liegen.*«

(Finnisches Sprichwort)

Finnland erleben, wenn man da ist

Ab ins Museum

1. Kiasma (Helsinki): Einer der schönsten Orte weltweit, an dem man aktuelle Kunst erleben kann.
2. Siida (Inari): *Das* Nationalmuseum der finnischen Sámi. Beeindruckende Ausstellung über Kultur, Volkskunst, Alltag, Geschichte und Gegenwart des sámischen Volkes, über Natur und Region, Rentierzucht, Jagd und sogar Mücken. Mit einem Museumsdorf auf dem Gelände, mit Bootswerft und sehr imponierenden Tierfallen.
3. Bonk Museo (Uusikaupunki): Eine komplette Firmen- und Familiengeschichte, erfunden, erstunken und erlogen, ein Kunstprojekt – unbedingt eine Führung mitmachen!
4. Arktikum (Rovaniemi): Toll gelegenes Museum und Wissenschaftszentrum, mit ständigen Ausstellungen des lappischen Regionalmuseums (von »regional« darf man sich bei der großartigen Präsentation nicht täuschen lassen, das hat Weltniveau) und des Arktischen Zentrums zu Geschichte und Wandel der Arktis und der Pole.

5. Alvar Aalto Museo (Jyväskylä): »Der« Finne des 20. Jahrhunderts, niemand hat das Land ästhetisch so geprägt wie dieser Architekt und Designer. Bauwerke, Möbel, Alltagsobjekte, ohne ihn würde quasi das »F« von Finnland fehlen.

6. Turun Taidemuseo (Turku): Mit Schlüsselwerken finnischer Kunst, besonders Akseli Gallen-Kallela und Emil Wikström.

7. Maretarium (Kotka): Auch ein Museum, wenngleich ein Aquarium. Hier gibt es ausschließlich finnische Fische zu sehen, u. a. in einem riesigen Zentralbecken. 60 Fischarten und tausend Entdeckungen.

8. Nanoq Artic Museum (Pietarsaari, Jakobstad): Ein arktisches Museum mit Relikten großer Expeditionen, Volkskunst der Inuit und einem finnischen Museumsdorf auf dem Gelände, aus reiner Privatinitiative entstanden.

9. Suomen moottoripyörämuseo (Lahti): Das finnische Motorradmuseum. »Special interest«, könnte mancher einwenden. Aber mit großer Liebe und Sachverstand aus reiner Privatinitiative entstanden, absolut sehenswert und schön gelegen am Vesijärvi.

10. Vapriikki (Tampere): Ein Museumszentrum in einem historischen Fabrikgebäude, das mehrere Museen und Ausstellungsflächen vereint, finnische Erfindungen und ein Schuhmuseum, je eine

naturwissenschaftliche Ausstellung, eine Dauerausstellung zum Bürgerkrieg, die »Eishockey Hall of Fame« und anderes.

Und ein Nachruf auf das Retretti in Punkaharju, ein Kunstmuseum unter Tage, das aus Kostengründen derzeit leider geschlossen ist.

*»Der Mann ist oft noch zu jung, um zu heiraten,
aber nie zu alt, um zu lieben.«*

(Finnisches Sprichwort)

Dank und Quellen

Meine Reisen nach Finnland waren ungewöhnlich. Die angeblich so verschlossenen Finnen öffneten erst ihren Mund, dann ihr Herz und dann sogar ihre Haustür für mich. Ich habe eine noch nie gekannte Gastfreundschaft erlebt – und weit mehr als das: Kurze Bekanntschaften wurden schnell zu Freundschaften. Oft haben mich vorher völlig unbekannte Menschen eingeladen, in ihre Wohnungen, in ihre *mökkis* und oft auch für die Nacht und länger.

Und so haben viele direkt und indirekt beigetragen zu diesem Buch. Eine Reihe von Freunden haben mir Tipps gegeben, Geschichten erzählt, haben mich auf Wege gebracht, mir Abenteuer ermöglicht und unterschiedlichste Anregungen gegeben: Marja-Ritta in Tampere, Ville in Helsinki, Tarmo, Annli und Sini in Lahti, Pirkkos Familie, also Günter, Sirpa und Christoph in Sulkava, Kassel und Bergheim, Ludger, Linna und Ragnar in Montreal, Lilja mit Sohn Olli und Enkelin Saana in Ivalo, Irma und Roope in Lahti, Sara und Tito, Peter und sein Hund Wilma, alle in Rovaniemi, und Väino, Anita in Bochum, Liisa in Kassel, Helena in Weida. Ganz herzlichen Dank ihnen allen.

Ein besonderer Dank bei diesem Buch gilt Pirkko Kompa (Kassel/Sulkava), Jasmina »Socke« Schreck (Oulu) und meinem Bruder Axel Gieseking (Lahti), dem dieses Buch auch gewidmet ist.

Als »Experten« auf den verschiedensten Feldern nahmen sich Pekka Aikio, M. A. Numminen, Mika Hansson/National Police Board, Mikko Fritze/Goethe-Institut Helsinki, Elena Bonelius/Muumilaakso, Mumintal im Kunstmuseum Tampere, Margetta, Johanna, Geir und Juha vom Ahkun Tupa am Lemmenjoki, Ilkka Ärrälä, (Fotograf und Goldgräber), Riku & Juha vom Suomen Moottorripyörämuseo Lahti, Jonne (Bonk Museo Uusikaupunki), Anna (Fiskarsin museo), Roosa Mikkola (Maretarium Kotka), Kati Nivala (Arcticum Rovaniemi), Jaana Lamppu-Blick (TryffDeli, Lahti), Jasmina (Kultahippu Ivalo), Juha Haappanen, (Suomi Shop Frankfurt), Viviane Blumenschein (Berlin), Lutz Engelhard (Kassel), Philip Page (Helsinki), dazu die »Kollegen« Ralf König, Pit Knorr, Heiko Werning (als Reptilienexperte), Michael Holtschulte (als »Spielekritiker«) und Hardy El Kurdi reichlich Zeit für alle meine Fragen.

Quellen waren: Yleisradio Finnland, Sveriges Radio, www.tilastokeskus.fi, Statistics Finland, das Außenministerium der Republik Finnland, www.finland.fi, www.finnland.de, www.finnland.net, www.visitfinland.com, www.europa.eu, www.kotus.fi (The Institute for the Languages of Finland), www.wikipedia.

de; an Printmedien: Helsingin Sanomat, Newsweek, Der Standard, taz, Süddeutsche Zeitung, Frankfurter Rundschau, Frankfurter Allgemeine Zeitung, Die Welt, Der Spiegel, WAZ und Theater der Zeit Spezial/Finnland. Darüber hinaus seien namentlich genannt Artikel und Interviews von: Anne Haeming/taz, Ronald Düker/Die Zeit, Heike Schlinkmann & Heide Schraps/www.gew.de, Andreas Stamm/ZDF, K. Konrad/taz, Sacha Batthyany/SZ-Magazin, Suvi Turtianinen/Die Welt, Alfred Hickling/The Guardian, Tom Krohn/Deutschlandfunk, Johannes Niemeläinen/Talous Sanomat und Susanne Donner/Wirtschaftswoche.

An Büchern: Der Fischer Weltalmanach 2014; D. Klink/M. Mahn/A. Schug (Hrsg.): Humboldts Innovationen; Erkki Tuomioja: »Da ich aber eine sehr unverwüstliche Frau bin …«; Rasso Knoller: Finnland; Carl von Linné: Lappländische Reise; Kalevala; Donald Duck: Die Jagd nach der Goldmuhle; Die besten Geschichten von Kari Korhonen; Finnland im Porträt; Wörterbuch *suomi-saksa-suomi sanakirja*; Museum Kunstpalast Düsseldorf: Akseli Gallen-Kallela.

Weitere Quellen waren: www.news.at, Global 2000, OECD, Reporter ohne Grenzen, das Auswärtige Amt der Bundesrepublik Deutschland, das Statistische Bundesamt, das documenta-Archiv Kassel, die Deutsche Gesellschaft für Strahlenschutz, die Grüne Liga

Berlin, die WHO, www.cl-netz.de, www.deepocean.de, www.thailand-tip.com, Opodo, eBay, »The Tonight Show mit Conan O'Brien«, »The Voice of Germany«, das Börsenblatt des deutschen Buchhandels, Presseinfo Finnland.cool und die Buchmesse Frankfurt. Dank für »finnische« Kooperationen und Kontakte geht auch je an die Caricatura-Teams in Frankfurt und Kassel, Museum und Galerie.

Zum guten Ende: Dank an Michael Ringel, taz-Wahrheit-Redakteur, der mich einlud, eine Kolumnen-Serie »Ympäri Suomen« über meine Finnland-Reise zu schreiben. Dank an meinen Agenten Marco Ortu, der sich schon so weit finnfizierte, dass er 2013 immerhin bis Stockholm kam. Großen Dank an meine Lektorin Karin Herber-Schlapp, die begann, mit mir eine Leidenschaft zu teilen – die Finnen! Dank auch an meine Eltern, Ilse und Hermann Gieseking, die mir statt guter Ratschläge diesmal 20 Euro für die Reisekasse schenkten! Und großen Dank an meine Lebensgefährtin Rita, die mich nach meiner Umrundung in Helsinki erwartete und mir dort das mintfarbene Damenrad, das sie mir vorher eigentlich immer »nur geliehen« hatte, schenkte. Und die es anschließend bei der Niederschrift dieses Buches gelassen hinnahm, dass ich auch in Deutschland noch lange in Finnland unterwegs war.